道德經

全本　全注　全译　全彩

吴根友　导读　注译

岳麓書社·长沙

前言

老子，大约生于公元前581年（或前571年），卒年不详，姓李，名耳，字聃。司马迁说他是楚国苦县厉乡曲仁里人。今考苦县在春秋之时为陈国相县（即今安徽涡阳县），楚惠王六年（前483年）发兵灭陈，至此，陈归入楚，故老子实际上应是陈国相人。[1]

老子曾在周王朝出任史官，为守藏史，掌管周王朝的典籍。其家世代为周王朝史官，古代巫史不分，且为家传，故当时或称为老氏家族。

周景王死后，周室曾一度发生了王位争夺战。公元前516年，王子朝失败，“奉周之典籍以奔楚”。老子所掌管的图

[1] 关于老子的生卒年代，学术界有三派意见：第一派认为确在孔子之前，代表人物有马叙伦、张煦、唐兰、郭沫若、吕振羽、高亨和苏联学者杨兴顺等。第二派认为是战国时代人，代表人物有清代汪中，近现代梁启超、冯友兰、范文澜、罗根泽、侯外庐、杨荣国。第三派意见认为是战国中叶时人，代表人物是顾颉刚、刘节。根据今人的研究成果，我们认同第一派意见，认为其生年大约在前6世纪初。

书或被王子朝带走了，因之而归于陈国相县故里。在归乡途中，出周王朝王畿关口，守关长官尹喜为老子同道好友，知老子有归隐之意，故挽留老子在官邸短栖著书，老子著《道德经》上、下篇，共五千余言而去。

出关之后，老子曾定居过鲁，游历过秦，又在沛县住过，行踪不定，故司马迁说不知所终。大约老子在故乡陈国相县定居的时间最长，在这期间，孔子曾多次向他请教过人生哲学、礼仪规范等学问。《史记·老子韩非列传》状孔子见老子问学之后的崇拜之情道："吾今日见老子，其犹龙邪！"可见孔子对老子还是十分尊敬的。

老子死时，其年寿亦不算高。庄子说，老子死时，长者哭之如哭其子，少者哭之如哭其母。由此推知老子可能非高寿之人。

老子后人的世系大约是这样：其子名曰宗，为魏国将领，曾受封于段干；宗之子曰注，注之子为宫，宫之后，具体世系不明。殆注、宫二人无功于当世。其远孙为假，假在孝文帝时做过官，假之子解为胶西王卬的太傅，定居于齐地。司马迁之后，老子的家族世系不明。莫非因汉武帝独尊儒术之后，道家思想在历代帝国政治中逐渐边缘化，而其创始人的家族世系亦渐次模糊。

依笔者之见，《老子》一书，大抵为老子总结其老氏家族累世之言编著而成。关于《老子》的成书年代问题，学术界亦有较激烈的争论。[1]我们认为《老子》一书大抵为春秋末、战国初年的作品。从1973年马王堆汉墓出土帛书《老子》甲、乙本，1997年湖北荆门楚墓出土竹简本《老子》之后，老子与老学研究，以及由之而出现的先秦诸子学的流传、发展问题，又开辟出了新的天地。2009年，北京大学接收的一批汉简中有《老子》，共七十七章，章序是德经在前，道经在后。七十七章之数接近王弼本，虽然章序有别，然绝大多数章的内容与王弼本相同，表明八十一章王弼本《老子》并非后人伪作。

帛书《老子》甲、乙本出土的意义，大抵可以归纳为以下两条：第一，可以帮助今人全面地认识《老子》的思想体系。今本《老子》分为八十一章，帛书《老子》甲、乙本均未分章，表明古本《老子》不分章，这样可以避免因分章而带来的字句分割、段落错乱的缺陷。如今本《老子》第

[1] 学术界对《老子》成书亦有三派意见：第一派认为成书于春秋末战国初，代表人物是马叙伦、唐兰、郭沫若、吕振羽。第二派认为成书于战国后期，代表人物有清代汪中，近现代梁启超、冯友兰、范文澜、罗根泽、侯外庐、杨荣国。第三派认为成书于西汉初年，代表人物是顾颉刚、刘节。我们认为成书于春秋末战国初，郭店楚简本《老子》虽为节本，但其出土表明，《老子》在战国中前期已经广为人知。

二十二章与第二十四章，第四十章与第四十二章的文字，在帛书中均连在一起，中间无今本第二十三章、第四十一章文字。细读帛书《老子》，文意尤为连贯畅通，今本可能为段落错乱所致。第二，可以根据帛书《老子》来校订今本《老子》的字句讹误。如今本《老子》第八章有“与（予）善仁”句，帛书《老子》乙本此句则作“予善天”，当以帛书乙本为优。[1]今本第一章“常（或作“恒”，下同）无欲以观其妙，常有欲以观其徼”两句，历来断句皆有两种意见：一是读为“常无欲，以观其妙；常有欲，以观其徼”。一是读为“常无，欲以观其妙；常有，欲以观其徼”。语义皆完足通顺，难辨是非。帛书《老子》甲、乙本在两句“欲”字后皆有“也”字，故句读“常无欲也”“常有欲也”为正确读法。今本第六十八章末句“是谓配天，古之极”。帛书甲、乙两本“极”字后皆有“也”字，句义完足，优于今本。总之，帛书《老子》的出土为老学研究提供了新的材料，也解决了老学史上一些长期争论不休的问题。它以历史文物的真实性推翻了顾颉刚、刘节等人关于《老子》一书为西汉初年作品的说法。

[1] 参见黄钊：《帛书老子校注析》，台湾学生书局1991年版。

而郭店楚墓竹简本《老子》的出土，更加充分地证明《老子》一书是先秦时代的作品，其间的战国文字、个别字句与今本和帛书甲、乙本不同，为进一步研究老子及先秦时期的文化提供了新的文献。[1]而北大西汉简本的出土，表明八十一章王弼本《老子》其实也是渊源有自，并非王弼本人故意为之。

《老子》一书，大抵以道论为理论基础，以德论为治世修身的根基，泛言政治、人生、社会与历史诸现象，其中包含有丰富而深邃的辩证法思想。其道论以自然无为而无不为为宗旨，其德论实即道论在人世社会、政治生活中的延伸，“生而不有，为而不恃，长而不宰”的“玄德”，实即“孔德之容，惟道是从”的“孔德”。其道德论多有暗合今人所珍视的遵循客观规律的认识论和放任、宽容的政治哲学思想。其政治论、人生论，皆以道论为其本体论，而实为德论的进一步延伸。政治论以损刑罚、减政令、泯灭差别、遵道而任民自主为宗旨，以富民弱智、安土厌迁为策略，反对社会的商品交往，反对战争，尤其反对庆祝战争的胜利，要求人们以丧礼来对待战争，体现了博大的尊生情怀。其人生论

[1] 参见丁四新：《郭店楚竹书〈老子〉校注》，武汉大学出版社，2010年。

以清心寡欲、无名自守为核心，重个体生命和自然而健康的日常生活，反对追逐名利、地位而戕身伐性。其辩证思维大抵揭示了事物变化发展的道理，事物内部包含有阴阳对立的因素，并告诫人们要善于从事物相反的一面入手，去获得所要追求的正面价值。这些思想与春秋时代同时期世界其他民族的思想相比，体现了中国辩证思维的发达程度。

老子实为中国思想史上第一位思想家，春秋及战国蜂起的诸子，都在不同程度上受到老子的思想影响。儒家创始人孔子曾求道问礼于老子。战国以降，学于老子的众弟子、再传弟子及其后学，渐渐形成了道家学派，而与儒、墨、法、名、阴阳等各家相抗衡。法家申、韩之辈皆从老子的哲学思想，尤其是从其政治思想中吸收了部分的思想要素。战国中后期，在齐国稷下学宫，老子思想与传说中的黄帝思想合流，遂有稷下黄老道家。迨及秦与西汉之初，黄老道家一度成为显学，兵家与政治家皆言黄老，以求兵道与治道合一。武帝之后，儒学地位上升，老子思想稍受抑，但注《老子》者代不乏人。东汉一代，老子思想仍在各阶层传播，注《老子》者稍增多。自王充至仲长统，老子思想皆受到关注，时或称引老子为首的道家之言以批评儒家。桓帝亦曾多次入老子祠，祭老子。东汉末年，老子又逐渐演变为民间宗教——

道教的宗主。魏晋南北朝时期，老子思想为“玄学”思想的基础之一，又与传入中国的佛教思想相互发明，获得发展。其间，道教亦有长足的发展，老子愈加被神化。隋唐以降，宋元明清各朝，注老释老乃为各朝大学者甚至帝王的重要事情，各朝注老释老著作，累计数以千种。

简洁地说，老学自西汉初期即开始，并曾一度为统治者所青睐。汉武帝之后，由于儒学被确立为官方学术，老子思想在社会中的影响大为减弱。尽管如此，西汉时期，治老学者亦不乏其人。《汉书·艺文志》记载了四部研究老子的著作，如《老子邻氏经传》《老子傅氏经说》《老子徐氏经说》，刘向《说老子》。除《汉书》记载之外，还有西汉中晚期蜀人严遵的《老子注》和《老子指归》。这些书或已散佚，或仅存残卷。

西汉中后期，研究老子的人数虽然大为减少，但其影响力并未消失。大思想家董仲舒，其思想中便有老子思想的痕迹。他虽然大讲儒家的君臣等级，但在论人主之道时，却大讲“无为”之道，如《春秋繁露·离合根》篇云：“故为人主者，以无为为道，以不私为宝。立无为之位，而乘备具之官。”《保位权》篇又云：“为人君者，居无为之位，行不言之教，寂而无声，静而无形，执一无端，为国源泉。”

东汉时期，一些儒学经师亦兼通道家经典，经学大师马融就曾经注过《老子》。《后汉书》的《耿弇传》《范升传》《淳于恭传》《翟酺传》《逸民列传》《独行列传》《郑均传》《樊宏传》《酷吏列传》《方术列传》中，皆载有时人习研《老子》的文字。这些习研《老子》的学人，一方面是性好“清静”，另一方面“亦有理国养人，施于为政”的政治企图。

即使是一些政治家，如光武帝、楚王英等人，亦好黄老养性之术。到东汉中后期，老子亦逐渐被神学化，汉桓帝四次亲祠老子。甚至在一些大臣的疏文中，老子与孔子并称，如东汉翟酺在一篇谏文中说道：“故孔子曰‘吐珠于泽，谁能不含？’老子称‘国之利器，不可以示人’。”而在一些思想家的言论中，老子思想成为言语当与否的标准之一。如王充《论衡·自然》篇云：“从道不随事，虽违儒家之说，合黄老之义也。”东汉初年的大思想家扬雄，其哲学著作《太玄》亦可以说是深受老子思想的影响，其“玄”字在一定程度上可以说是“道”字的汉代表达。

魏晋南北朝时期，为《老子》作注的大体有三种人物类型：一是学富五车的大儒和魏晋名士，二是封建帝王，三是佛教徒中学贯儒释道的大师。《隋书·经籍志》载，其时注老释老著作共有四十一种。其中属于以上三类的代表著作有：王弼的《老子道德经注》二卷，羊祜的《老子道德经解释》二卷；梁武帝的《老子讲疏》，梁简文帝的《老子私记》；释惠琳的《老子道德经注》二卷，释惠严的《老子道德经注》二卷。

玄学的出现，老子的思想起了重大作用。王弼以“本末”论“无有”，为魏晋玄学奠定了本体论。佛教的格义阶段，借老子的“无”译“空”。至于竺叔兰、释道安、鸠摩罗什辈，皆曾借用老子思想以阐发佛教教义，而僧肇虽反对以“无”译“空”，追溯“空”之本义为“不真”，但他对老子是深有研究的，《肇论》四篇中仍可见老子思想的影响，可看今存的《肇论》。

在人生哲学方面，老子的“清静无为”的避世思想，在当时亦被部分名士所接受，阮籍、嵇康等皆是代表。嵇康曾说：“老子、庄周，吾之师也。”

隋唐时期，注老释老者有儒家、道家、兵家，唐玄宗亦曾为《老子》作注。有唐一代注老释老的著作，共三十余家，百三十卷之多。一些学者援佛以注老，使老学思想朝着偏重于心、性、情和理等有关伦理学的方向发展。援佛教理论注《老子》一书的，有成玄英的《老子疏》（今佚）；以儒家思想注《老子》的，有陆希声的《道德真经传》；以兵家眼光注《老子》的，有王真的《道德经论兵要义述》。唐末杜光庭的《道德真经广圣义》，则主要从道教的养生、个人修养角度来注《老子》。除这些学者从不同的角度注《老子》外，唐玄宗也曾著有《道德真经注》和《道德真经疏》，并从《老子》一书中吸取了一些统治策略。如唐玄宗在为《老子》第二十九章“是以圣人去甚去奢去泰”句下注曰：“是以理天下之圣人，睹行随之不常，知矜执之必失，故约己检身，割贪制欲，去造作之甚者，去服玩之奢者，去情欲之泰者。”早年的唐玄宗在政治上有一番作为，带来了唐朝的“中兴”，是与他接受老子的治国思想有关的。

宋元之时，注老释老的各种著作，数量激增。仅有宋一代，就有七十八家之多，元代注老述老的亦有二十九家，合为百有七家。或以为有百三十余家。今日所能见到的宋代注老著作全本仅二十八家（含金代），元代的全本只有十三家。今人严灵峰《无求备斋老子集成初编》《老子崇宁五注》《老子宋注丛残》等收录了宋元有关散佚之书的部分条文。

宋元时期老学研究，表现出多元并存的局面。从研究者的角度看，有儒学大师，有道教徒，有政治家，有帝王，亦有僧人、禅师、普通官吏，可见老子思想对世人的影响。从研究方法的角度看，或整理以往的研究，或分别从政治、养生的角度研究，或融会三教以求贯通。由于方法不同，角度各异，就导致了观点的多元化。宋元两代，老学又复归繁荣。

明清两代，老学研究在继承了宋元的老学特点之后，又开创了校订、考证的新思路，其中以毕沅《老子道德经考异》、王念孙的《老子杂志》、陶鸿庆的《读老子札记》最为著名。总计明清两代注释《老子》的著作，达两百多种。

民国至中华人民共和国成立之前，老学研究逐步走上专业化、学术化的道路，注老释老考订《老子》者，多为学者。五四新文化运动之后，疑古思潮对老学研究的冲击甚大，对老子其人其书的真伪及其年代做了广泛的考证、辨伪。其主要问题集中在对《史记·老子韩非列传》中的老子与太史儋、老莱子的关系及老子与孔子孰先孰后，《老子》一书的著作年代的考辨上面。具体内容可见今人罗根泽主编的《古史辨》第四、第六两册。今人詹剑峰《老子其人其书及其道论》一书对此阶段"疑老"思潮做了很好的总结。

20世纪50年代以来，关于老学的重要研究成果，除詹剑峰的著作外，有王叔岷《老子剩义》、钱穆《庄老通辨》、张起钧《老子研究》、朱谦之《老子校释》、饶宗颐《老子想尔注校笺》、吴康《老庄哲学》、任继愈《老子新译》、陈鼓应《老子今注今译及评介》、张松如《老子校读》等，以及马王堆汉墓帛书整理小组的《马王堆汉墓出土老子甲本释文》《马王堆汉墓出土老子乙本释文》、许抗生《帛书老子注译与研究》、高明《帛书老子校注》等。近年丁四新的《郭店楚竹书〈老子〉校注》、刘笑敢的《老子古今——五种对勘与析评引论》，均是《老子》文本校勘方面的力著。

据初步研究，《老子》一书在世界流传甚广，大约于明中叶就开始流向东方各国，如日本等。嘉靖二十九年（1550年）在日本就有了《老子讲义》。1645年就有日文注释的《老子讲话》，注释者为僧泽庵。1652年有《道春老子经抄》三卷在日本问世。从1550年至1949年，日本研究《老子》的各类著作，据不完全统计，多达257种。1949年以后的《老子》研究亦有56种。依史载，玄奘、蔡晃、成玄英等人曾将《老子》译为梵文。据《补元史・艺文志》载，1183年女真文《老子》问世。1680年，韩国朴世堂曾用汉文著《新注道德经》一书，为韩国最早的《老子》注释本。1959年，越南严缵用越南文译注《老子道德经》。英国于1868年，便有研究《老子》的著作，其作者为John Chalmers，其书名为*The speculation on metaphysics，polity and morality of the old philosopher Lau-tsze*（《古代哲学家老子关于道德、政治、形而上学的沉思》）。之后，到1949年，各类英文研究《老子》的著作、文章，共有59种。1949年以后，亦有30多种。其中林语堂、陈荣捷皆是华人学者，他们用英文向欧美世界介绍《老子》一书的思想。法文最早的研究著作于1823年问世，德文最早的研究文章于1870年发表。欧洲许多国家，如意大利、瑞典、西班牙、苏联等，均有研究《老子》的文章（或著作）。[1]而老子思想对于欧洲思想家的影响，将是一个值得人们研究的重要课题。老子是当之无愧的世界性思想家、哲学家。

吴根友

2024年6月补识

[1] 有关国外《老子》研究资料均取自严灵峰：《周秦汉魏诸子知见书目》（一），中华书局1993年版。

凡例

一、本书以楼宇烈《王弼集校释》（上）王弼《老子道德经注》为底本，但在个别句子的断句方面有异于楼校的王本。分段是根据作者对本书的理解而展开的，与楼本的分段并不相同。

二、译文中，为了便于理解原文，也为了合乎现代汉语的要求，用［ ］表示翻译中补足原文没有但暗含的内容。

三、本书依照哲学学科的知识分类，尝试将老子的思想分为六大主题，形成六编。每编开头都附有一段总括性的文字，以概述该编的主要思想，但与每章的导读内容并不重复。分编的长处是帮助读者简明扼要地把握老子的思想，不足之处是限制了作者的想象力。得失之间，希望由读者本人存于一心，取长去短。

四、本书是新编新注新译《老子》，每章顺序与王弼本《老子》不同，导读部分都引出王弼本章次，书末另有章次对照表，以方便读者查阅。

五、本书面向古典哲学的爱好者，故注释不采用烦琐的考订方法，力求简明扼要。但有些关键性的哲学概念，注释得稍为详细，且有简要的哲学史的提示，以帮助读者更好地从哲学角度理解老子的思想。

六、有关版本异同的考订，可参阅本书后面提到的几本重要老学著作，本书不讨论这一问题。

目录

第五编 知言论

第六编 行论

第一编　道论

本编将《老子》五千言中论道的主要内容集中在一起，从而更好地体现老子贵道的核心思想。所列十三章未必能完整地表达老子道论的思想内容，但大体上可以反映老子道论的主要思想。

本书第一章原为王弼本第二十五章，笔者在近二十五年的本科教学过程中，深切地意识到该章的重要性，认为明白此章的内容，便基本上理解了老子之道的核心思想，而且可以避免王弼本一开始将人引入语言的迷宫，从而使老子本来意义明晰的道论思想变得恍惚不定的不足。

本书将王弼本第一章变为第二章，其用意在于：该章主要是从语言的角度讨论道，这也是以哲学的方式讨论道的不得已方式。语言虽然对本体之道来说，有其天然的局限性，但离开了语言，我们无法与他人以公共的方式讨论道。该章还揭示了我们讨论道的方式，即从常无欲、常有欲的两种基本的立场讨论道，以及这两种方式看到道的不同面向的问题。而对于道体而言，这两种方式都是统一的。用语言的可言说方式以及广义可知的方式讨论道，由可见的显现之物，向着渺远的不可见的万物开端处追思，我们就由名言领域进入了不可思议的领域，这时我们对万物、万事、万象是如何产生的，就会有一种智的直觉。一切细小、因而也是奥妙无穷的事物不正是在我们人的认识所不及之处产生的吗？胎儿在母亲的子宫里发育、成长，初恋的爱情在地下潜滋暗长，当然也有一些罪恶在见不得人处密谋。“玄之又玄，众妙之门”，真是伟大的智的直觉啊！而现当代西方哲学讲“在场”与“不在场”的关系，不也可以与老子所讲的由可见的到不可见的“玄论”相互发明吗？老子要求人注意到“玄之又玄”的“不在场”，并将此“不在场”的“玄之又玄”看作是万有产生的通道，是何其深刻而又切中世界的真相！

本书第十二、十三两章，主要讲道与德的关系，特别是第十三章，比较集中地讨论了道与德的关系。上德、玄德、孔德，即是道生物，替物谋划，领导物而不有、不恃、不宰的伟大品性。由道而德，德由道生，从哲学思想上将周代“以德配天”的思想转移到“德由道生”的新认识上来，从而让德与神秘的天命脱钩。德国哲学家雅斯贝斯构造了“轴心文明”的概念，将公元前8世纪至公元前2世纪这一大跨度的历史时期称为“轴心文明期”，认为这一时期有一个“哲学的突破”。雅氏的“轴心文明”概念能否成立，可以另当别论，然他看到这一历史时期有一种哲学的突破，这一见解应该是合乎思想史的实际的。老子的道德论就是对周代文明“天德论”的一种突破。而正是在这一点上，老子不同于孔子。孔子讲“天生德于予”，老子讲“孔德之容，惟道是从”，这正是老子哲学对周代哲学的“突破”之处。

第一章

导读

本章在王弼本中原为第二十五章。本书作者认为，老子思想的核心观念是道，理解了“道”，其他问题会迎刃而解，故放在新编第一章。该章可以分为三个层次。从开头到“可以为天下母”，为第一层，主要从五个方面正面描述道的属性。由于道有这五个方面的属性，因此可以权且看作是天下万事万物的母亲。第二层从“吾不知其名”开始，到“而王居其一焉”止，主要是在人类的语言领域里讨论道。道为字，是尊称；大为名，是泛称。而与大之名相联系，道又可以名之为逝、为远、为反，这是由道之名引申出的道之属性，与第一层所揭示的道的实体性的属性不同。此段文字中的“四大”实即“四道”，王道只是四种道中之一道。《尚书·洪范》篇歌颂王道荡荡、王道平平，在老子的思想中，王道不是绝对的，在王道之上还有地道、天道、道道。道道即“有物混成”的绝对之道。第三层从“人法地”开始，到“道法自然”结束，主要揭示人、地、天、道之间的内在关系。这种关系是单向的效法与顺从的关系，一方面体现了老子思想反对神秘的天命、鬼神的理性觉醒精神，另一方面也表明人在大自然面前还是一种被动的生存状态，与今天的人类既遵循自然规律，又利用自然规律来实现自己意志的思想认识不同。

有物[1]混成，先天地生，寂兮寥兮[2]，独立[3]不改，周行而不殆[4]，可以[5]为天下母[6]。

吾不知其名，字[7]之曰道，强[8]为之名曰大。大曰逝，逝曰远，远曰反。[9]故道大，天大，地大，王亦大。[10]域中[11]有四大，而王居其一焉。

人法[12]地，地法天，天法道，道法自然[13]。

译文

有一个东西浑然而成，先于天地而产生，无声而且无边无际，独立而不变化，遍行天下万物之中而不疲倦，［因此］可以权且将她称之为天下万物的母亲。

我也不知道她的名姓，尊敬地称她为“道”，勉强地称她为“大”。这“大”是流动的，这“大”的流动是向远方去的，这“大”向远方去表现为相反且最终返回自身。因而道“大”，天“大”，地“大”，王也是“大”。人类所知的宇宙之中有四种“大”，而王之“大”仅是四“大”中的一种。

人类效法大地的法则，大地效法天的法则，天效法道的法则，道效法自己的样子。

注释

1 物：本意为万物，此处概指某一具体的材质性的实有之物。《周易·系辞上》有“精气为物”之说，意思是说精气作为一种具体之物。《老子》一书中，“物”并不是一个表达思想性的概念，只是一个普通的名词，意思颇类似现代汉语中“某一个东西”。

2 寂兮寥兮：寂，听不见声音曰寂。寥，虚空的状态。兮，语气助词，啊。

3 独立：自本自根，不受他物影响。

4 周行而不殆：周行，遍行于万物之中。殆，疲倦。

5 可以：权称之词。因为道有上述五个方面实体性的属性，故能够称之为天下万物的母亲。

6 母：喻词，意为开端。古人只知母能生育，故万物始于母，而母则喻指开端。

7 字：古代尊称某人名号，称字，如诸葛亮，字孔明，下级或晚辈见诸葛亮，必称孔明先生。“道”亦是尊称万物的开端者之字。

8 强：勉强，权且。老子在此处已经暗示，“道”“大”都是人类对开端者的一种称谓，“道”为字，“大”为名。不可被名言所误导。

9 曰：爰也。乃，于是就，转折连词。《尚书·洪范》“土爰稼穑”句可为例证。逝、远、反：逝，向远方流动。远，远离。反，同“返”，回归。这三句话揭示了道的运动特性，向远方流动，背离当初的状态，最终回到起点。此句中“大”即道，现实生活中的道路即有向远方流动，最终回到出发点的特征。

10 大：道之名。道大即道道，天大即天道，地大即地道，王亦大即王道。而道道、天道、地道、王道都具有逝、远、反这三种属性。

11 域中：指以人的认知为中心的宇宙。

12 法：效法。

13 自然：自己的样子。《庄子·大宗师》篇称“道”是“自本自根”，即是此处“道法自然”的最恰当的注释。

明 佚名 老子出关图（局部）

第二章

导读

本章为王弼本第一章，主要从语言的角度揭示道的不可命名的根本属性，要求人们不要执着于道之名，而是要通过道之名理解万物开端时的状态。此章可从三个层次来理解。第一层从开头到“有名万物之母”结束，着重讲语言与命名的局限性，同时又肯定了命名对于人类认知的重要性。第二层从“故常无欲”开始，到“同谓之玄”结束，主要是从人的两种认识动机出发，考察人所能看到的不同内容。但这两种不同的认识内容，就道本身而言，是一体两面，统一整体的不同面向而已。这一点在哲学认识论上非常重要，将人的认识动机与目标，与人对对象性世界认识的结果联系起来。这是一种深刻的哲学洞见。第三层就是最后两句话，揭示出人类认识的局限性。就我们每个人的认知经验来看，在我们所不知道的地方每天都有大量的新东西在产生。而就整个人类而言，在人的认识不能抵达的幽深黑暗的宇宙深处，每时每刻都在产生着新的东西，而且还蕴藏着巨大的可能性。正如今天的宇宙学向我们揭示出的科学道理，在无限的宇宙之中，有很多恒星星系正在生灭。老子以直观的、体知的理性直觉揭示了人类认识的有限性，同时又与《周易》哲学揭示出的宇宙本原生生不息的哲学意识相通，表明老子思想与中国哲学的源头之一《周易》哲学之间有一种内在而深刻的联系。此章中有名、无名、有欲、无欲四个词的断句，历来有不同的断句法，反映了历代注家对老子哲学的不同理解。本书作者认同有名、无名、有欲、无欲的断句法。关于此问题的详细讨论，可参见刘固盛《〈老子〉首章无欲、有欲问题辨析》一文（《中国哲学史》，2015年第4期）。该文采用的是王弼本，故曰“首章”。

道可道[1]，非常道[2]；名可名[3]，非常名[4]。无名天地之始[5]，有名万物之母[6]。

故常无欲，以观其妙；[7]常有欲，以观其徼(jiào)。[8]此两者[9]同出而异名，同谓之玄[10]。

玄之又玄[11]，众妙之门[12]。

明 唐寅 老子图

译文

道如果用语言表达出来了，就不是那恒常不变的道；名如果用语言表达出来了，就不是那恒常不变的名。没有名字是天地开始时的状态，而命名就是万物得以产生的母亲。

恒常的无所欲求的状态，凭此而可以审视道的奥妙状态；恒常的有所求的状态，凭此可以审视道的运动边界。这两种［审视的方式］共同产生于一个地方而只是名称不同罢了，都可以称之为“玄”。

玄而又玄的看不见之处，正是万有的奥妙之物出生的产道。

注释

1 道：第一个“道”字，指第一章“有物混成”之道，是道之体。第二个“道”字是动词，意思为“言说”。

2 常道：即作为天地之前的“独立不改”之道。

3 名：第一个“名”指一切有名号之物。第二个“名”为动词，意思是“命名”。

4 常名：即权且用于指称“道”的名号。“道”“大”都是权且指称先于天地的混成之物，相对“常道”的实体而言，“常名”特指用于指称“道”的字与名，故相应地称之为“常名”，以此与对万物的命名区别开来。

5 无名天地之始：无名是天地的开端状态。

6 有名万物之母：有名是万物的开端状态。

7 常无欲，以观其妙：无欲，即没有任何特定的认知目标与要求。妙，奥妙也，物之深邃不易认识之处。一本作眇，细小、微小也。意思可相通。宋儒程颢有“万物静观皆自得，四时佳兴与人同”两句，可以与此句相互发明。

8 常有欲，以观其徼：有欲，有一定的认知目标与要求。徼，边界。表明人在认识的过程中，由于受认知主体特定的价值目标限制，我们只能把握物的有限功能与价值。

9 此两者：代指上面两句话所讲的认知活动与结果。

10 玄：作为名词，其意思为黑色。作为动词，玄还指由可见的红色慢慢地变成黑色，如人流出的鲜血由红色变成黑色的过程与结果。

11 玄之又玄：此句中两个“玄”字均作动词，意谓由红色变成黑色的过程。之，虚词，而也。整句意思为：玄而又玄的过程不断加深。

12 众妙之门：众妙，众多奥妙之物。门，产道也，通道也。

第三章

导读

本章为王弼本的第四章，主要从两个方面阐述道的特性。一是讲道之体具有冲虚的形态，但从道用的角度看，它不会达到极盛的状态。二是讲道虽然像深山里的渊泉之水，体量很小，但却是万物的开端；它是清澈、透明的，看起来好像是存在的。我们无法知道它是谁家的孩子，但它出现的时间好像比古之上帝还要早一些。第二个方面的意思与第一章的意思相通。第一章讲道先于天地，此处讲道早于上帝而出现，都是要确证道是绝对的开端。"象帝之先"一语体现了老子哲学突破殷周以来皇天、上帝的观念，具有革命性的意义。

道冲[1]而用之或不盈[2]，渊[3]兮，似万物之宗[4]。挫其锐，解其纷，和其光，同其尘。[5]湛(zhàn)[6]兮，似或存[7]。

吾不知谁之子，象帝之先[8]。

译文

道是一种半虚的状态，然而在展开的过程中不会达到极盛的顶点。它好像渊泉一样啊，仿佛是万物的宗主；清澈透明啊，它好像是实有的存在。

我们并不知道它是谁家的孩子，仿佛比上帝还要早一点出生。

注释

1 冲：虚也。此虚非空虚无物，而是如只盛有半杯水的状态之虚，因而是实而不盈的状态。

2 用之或不盈：是譬喻性说法，即使向这个杯子注入更多的水，它也不会盈满、溢出，引申为不会达到鼎盛状态，意谓道始终保持一种无限性与可能性。实际上，现实的道从来都不会是凝固状态，道日新，又日新，新新不已。

3 渊：山泉的源头。

4 似万物之宗：似，好像是。此为老子用词的审慎风格，非独断语，与第一章“可以为天下母”句中“可以”一词相参酌。宗，祖也。祖为一族的开端，引申为一族的神主，亦为“天下万物之母”的意思。

5 此四句为错文，放在本书第六十八章处理。

6 湛：透明状。以渊泉的透明状喻道体的实有而又不易从视觉上去把握的特征。

7 存：在也。《庄子·齐物论》：“道恶乎往而不存？”

8 象帝之先：此句话在思想史上具有革命性的意义，否定了皇天、上帝的绝对性。老子其实是春秋末年思想界的革命家。他要以自己发明的“道”来取代皇天、上帝的绝对性与神圣性，以之作为万物的开端，以之作为价值的根源，以之作为大自然、人类一切秩序的根源。他将此秩序的本身命名为道。

宋 晁补之《老子骑牛图》（局部）

第四章

导读

本章为王弼本第十四章，主要意思是告诉人们，对道的认识与把握，不能从感性认识的角度入手。对万物开端之处的道能有所体知，就把握了道的根本要领。道的开端处即是无名的状态。在无名的状态下，一切皆自然而然，没有人类文明出现之后各种人为的秩序与规定。因此，人们对于当下社会所有的秩序与制度的规定，都可以重新进行思考。其思考的方法就是从这些秩序、制度的形成过程来思考这些秩序、制度的合理性与不合理性。“执古之道”，即是执古已有之之道。古已有之的“古”，并非一般意义上的经验时间，可称之为“道古”。因此，并不能将“执古之道，以御今之有”理解为用古代的社会法则来解决现实的社会问题，进而将老子看作是一复古主义者。“执古之道”，即是从开端处、起源处来思考问题的一种哲学思考方法，在老子的思想中，也即是从自然的秩序来审视人类文明秩序的合理性。

视之不见名曰夷[1]，听之不闻名曰希[2]，搏之不得名曰微[3]。此三者不可致诘[4]，故混而为一[5]。其上不皦(jiǎo)[6]，其下不昧[7]。绳绳(mǐn mǐn)[8]不可名，复归于无物。是谓无状之状，无物之象，是谓惚恍[9]。迎之不见其首，随之不见其后。[10]

执古之道[11]，以御今之有[12]。能知古始[13]，是谓道纪[14]。

译文

用眼睛去看而看不见的状态，称之为“夷”；用耳朵去听而听不见的声音，称之为“希”；用手去握取而不能获得的任何实物，称之为“微”。这三种状态不能做刨根究底式的追问，故而只是浑然不分地形成一个整体之“道”。[道如果作为一个具体之物，]它的上端是不明亮的，它的下端是不晦暗的。[它]是连续的状态，不能用一个具体的名号去称谓它，最终又回归到一种不是具体之物件的状态。因此，[道之状]是一种没有固定形状的形状，是一种没有任何固定物件的形象，因而从人的认知角度看称之为恍惚不定。如果我们从正面去看它，看不见它的头；从后面去看它，看不见它的尾。

笃守天地开端之前的远古之道，可以统御当下的社会现实。如果一个人能够理解道古时代这层道理，就算是把握了道的根本精神。

注释

1 夷：平也。人登高望远，天地交界的地平线，即是“夷”之一种状态。

2 希：罕也，疏也，少也。此处老子对人的感性认识的局限性有深刻的体认。人的耳朵听不见声音的地方，并不表示没有声音，只是这种声音处于一种稀疏的状态。用今天科学的语言来说，即是其声波频率不合乎人的耳朵所能接受的波长而已，并非没有声音。

3 搏之不得名曰微：搏，用手握取。微，细小。

4 致诘：追问。

5 混而为一：浑然不分地构成一个整体。

6 其上不皦：上，即指道的首端，此处是一种譬喻性的说法，将道看作是一有形之物，故有上、下之分。上、下，即前、后也。如“千载而上，千载而下”，实千载以前、千载以后之意。皦，光亮也。

7 其下不昧：下，末端。昧，昏暗。

南宋 马麟 《伏羲坐像》（局部）

8 绳绳：双声叠韵的连绵词，连续不断之意。

9 惚恍：惚，心不明的样子。恍，昏也。惚、恍为双声词，后来作为连绵词恍惚，意思与单音节的恍、惚二字的本意大抵相同。

10 迎之不见其首，随之不见其后：此句亦譬喻性说法，将道视为一巨大的有形之物，如中国古代传说中现首不现尾的神龙。迎，从正面去看；随，从后面去看。

11 执古之道：执，持有。古之道，先于天地而生的远古之道，亦可称之为“道古”。

12 以御今之有：御，统御、主宰。今之有，当下现实之社会。

13 古始：即先于天地而生的道的状态，亦即是无名的状态。

14 道纪：道论的根本纲领或主要精神。

第五章

导读

本章为王弼本第三十四章，可以从三个层次加以理解。第一层是前面两句话，即在大道的秩序内，万物皆可凭自己的本性生存、发展。第二层从“万物恃之而生而不辞”始，到“可名为大”止。这一层里可分为三个小的层次来理解。一是从总括的角度讲道的一些基本属性，如万物依赖道而生，体现了道生万物的根据性。道本身具有谦逊的特性，让万物有所成而不独自占有万物，给万物以养育之恩而不自以为是万物的主宰。二是从道的无所求的角度看，我们也可将“道”称之为“小”，这一点正好与第一章讲“域中有四大”的“大”相对，与第二章讲“常无欲，以观其妙”的说法，构成内在的呼应关系。而“万物归焉而不为主”，恰恰是从万物的发育、生长以及最终的完成都回归于道的动态过程，来揭示道的总括性与涵盖性，与道生万物的始源性构成一种呼应关系。三是从万物的归宿看，正如百川归海一样，万物都要服从道，而道本身又不宰制万物，因此我们可以将道称之为“大”。这就进一步揭示了第一章所讲的以“大”来命名“道”的理由与道理。作为万物之母的道，从其产生的功能角度看，字之曰道；从其涵盖万物的角度，名之曰大。战国时名家惠施讲“至大无外”，万物都要回归到道，不正是至大无外吗？由此可以体现道的普遍性。本章的第三层是进一步从哲学的理论上揭示道何以能实现大，即普遍有效性的功能，即道具有不自傲、不自夸、不自以为是的谦逊品质，也即是本章第二层讲的，处于一种“常无欲”的状态，所以它能实现“大”的效果。因此，侯王的无欲、所有人的自谦品性，都是道的属性在人身上的体现，因而也是一种有德的标志。

大道泛兮[1]，其可左右[2]。

万物恃之[3]而生而不辞[4]，功成不名有[5]，衣养[6]万物而不为主[7]。常无欲[8]，可名于小[9]；万物归焉[10]而不为主，可名为大[11]。

以其终不自为大[12]，故能成其大[13]。

译文

大道在世间运动，它是自由自在的。

万物信赖道而产生而它从来不推托，一切都完满地实现了而从来不宣称是自己的功劳，被养万物而不成为万物的宰制者。道常常处在一种无所欲求的状态，因着这个缘故而可以将它称之为“小”；万物最终要回归到道的怀抱中而它不自以为是万物的主宰，因着这个缘故而可以将它称之为“大”。

由于道最终不自以为是地认为自己是最伟大的主宰者，所以恰恰实现了它“大”的属性。

注释

1 泛兮：流动的样子。

2 其可左右：其，代指道。可，此处是表状态的副词。左右，以方位来揭示道自由自在运动的样子。

3 恃之：依赖它。之，代指道。

4 辞：推托。

5 不名有：不宣称占用，不宣称拥有。

6 衣养：衣，被也。衣养，即被养。

7 主：主宰，宰制。

8 常无欲：指道常常处于无欲的状态。因为第一章讲道法自然，即道按照自己的样子运动，它是自足的，故没有任何欲求的对象。

9 小：此处“小”与第一章“大”相对。此处之“小”与第一章讲的“独立不改”意思可以相通。

10 归焉：指归于道之中。此处从道的普遍涵盖性角度来讲道的普遍效用性。

11 大：指道的普遍效用性。与上文“小”的自足性相反。

12 终不自为大：指道从根本上说不自以为生长万物，万物归于己而傲视万物、宰制万物。此为拟人的说法。与原始天神自以为是天地的主宰者，如《圣经》之《旧约全书》中的上帝耶和华自认为是创造一切、主宰一切的教主形象极不相同。《周易》有“谦”卦，孔子赞扬“谦”的品德，老子之道具有“谦”的属性，这些均可印证“谦”为中华民族“民族魂”的底色。

13 成其大：实现了普遍的有效性。此处“大”即指道对于万物具有普遍的约束性、指导性。

南宋 佚名 太乙救苦天尊

第六章

导读

本章为王弼本第四十章，有两层意思。一是讲道的运动特性及其表象。其运动特性是“反”。第一章讲道有逝、远、反的内在系列特性，此处着重从运动的角度来揭示道的特性。“反”有二义，一是相反，如种子发芽，破壳而出，这是对种子的完满性的一种破坏。植物、动物，凡有生之物从生到死，都是“反”。二是返回，即回到开端。一些植物从开花到结果，回到当初的起点。一切动物从有生命的状态，到死亡，回到无生命的状态，亦即由存在到不存在，也是回归到开端状态。至于季节的轮回，日夜的交替，都体现了返回的普遍性。但现代科学的发展给了我们一个无限的宇宙视野。宇宙是否也会回到自身的开端状态，我们不知道。老子时代没有今人的宇宙观。因此，从返回的角度看，老子哲学所带有的循环论的局限性，也是无须为其辩护的。第一层中还提到“道之用”的问题。用，即功能，即道体展现出来的现象。它与道体不完全相同。老子比较偏重于从弱小、谦逊的角度来揭示道的功能与表象。如道常无欲，可名于小，即是道之用。道不名有，不为主，功成而不居功，都是道示弱的表象。第二层是从生成论的角度来考察万物的生成过程及其终极形态。天下可见的万物都是从命名后的有名状态下产生的，而有名的状态是从无名的状态产生的。此处“有”不能直接地理解为今日哲学讲的实有、存在，而是指有名。“无”应当理解为无名。第一章讲道为混成之物，先于天地而生。道为字，大为名，都是人称谓的结果。第二章讲天地开端时无名，有名的文化现象出现之后，万物获得了自己的名号，故万物从名号中得以确立自身的规定性，故名实为万物的母亲。王弼以此句为依据，将老子“贵道”的哲学解释成“贵无”的哲学，影响了他以后诸大哲人，如张载、王夫之等大哲学家。后世总将佛老连称，将它们称为虚无哲学，这都是受王弼影响的结果。

反[1]者，道之动[2]；弱者[3]，道之用[4]。

天下万物生于有[5]，有生于无[6]。

译文

向相反的方向和以返回的方式运动，是道的自身运动特性。示弱，是道的现实表象之一。

天下万物都从有名的称谓状态下产生，而有名是从无名的状态下衍生出来的一种现象。

注释

1 反：有相反与返回二义。

2 道之动：道的运动特性，即是第一章讲的道有逝、远、反三种运动特性。

3 弱者：示弱的表象。

4 用：功用、效用。中国哲学讲体与用。体为实体，用为表现出来的功用与效用，亦可理解为表象。体实有而不可见，以用见之。用即体之现实化的表现，而不于一时一地充分展示体之无穷奥妙。体用一如，显微无间。此点不同于康德哲学体用分离，物自体不可见，人所见者皆现象的思想。

5 有：此处当是"有名"之省略语。不应当理解为抽象的"有"。

6 无：此处当是"无名"的省略语。不应当理解为空无一物的虚无。第一章既言道为混成之物，又先于天地而生，人类尊称混成之物曰道，强为之名曰大。若以天下万物生于虚无，显然与老子贵道思想的总纲领不合。大哲人的思想有矛盾，但不至于思维如此混乱。“有之以为利，无之以为用”的句子中，“有”代表实有、有形，“无”代表空间上的虚空、无形。老子哲学，道统有无。道是有名与无名的统一，有形与无形的统一，虚空与实有的统一。道为绝对的一级概念，如易之有太极。王弼贵无，虽为妙思，然非老子哲学的本意，实王弼的哲学，亦可曰王弼借老子以表自己之哲学，还可以看作是传统经学思维方式在王弼对《老子》的注释中的体现。此点不可不察。另外，王弼“贵无”的思想，与《庄子·天下》篇说老子哲学是“建之以常无有”的思想有关。

明　佚名　明人高上玉皇本行集经

第七章

导读

此章为王弼本第四十二章，可从四个层次去理解。第一层是从生成论的角度解释道生万物的具体过程。此处所说的“生”，非母生子之生产，而是思维借助语言的功能所表现出的衍生。作为实体的、先于天地而生的混成之物，字之曰道，名之曰大。道、大之名号的确立，道为里，大为表，然皆是指称混成之物，故曰一。名字既立，与实体的混成之物构成名实之分，是曰二。由命名之行为——二衍生出混一之道，与有名字的道相对应而构成“三”。此“三”实为命名活动构成的一个衍生状态下的新的实体。而由此能动的实体去给万事万物命名，故万物得以从各自的名号中获得自己在语言中的独立性，故万物实为命名活动的衍生物，故三生万物。公孙龙《指物论》篇云：“物莫非指，而指非指。”此句中第一个“指”字，即是命名的活动，是动态的、能指的，而这一动态的、能指的命名活动，不是已经固化的具体指称。故“三生万物”，实指命名、指称的动态活动衍生出万物之名，使无名的、浑然一体的存有本身得以在名言的世界里区别开来。由此，浑然存在因为命名而衍生出万有的存在者。故语言中的万物实际上是由命名活动衍生出来的。第二层揭示作为实体的万物，在构成要素方面的具体内涵及其稳定态的内在原因。万物在构成要素方面是阴阳二气构成的。某一物中的阴阳二气处在相对平衡的状态。和，即某一物的暂时稳定态。第三层是讲万物存有的状态对于智者的启示意义，这种启示意义即是损益之间的辩证思维。第四层是老子对古典社会已有的辩证智慧所作出的新的引申，得出“贵弱”的新结论：强梁者不得其死。这是老子对传统的一种创造性的转化。

道生一，一生二，二生三，三生万物。[1]万物负阴[2]而抱阳[3]，冲气[4]以为和[5]。

人之所恶，唯孤、寡、不穀(gǔ)[6]，而王公以为称[7]。

故物，或损[8]之而益[9]，或益之而损。人之所教[10]。我亦教之：强梁者[11]不得其死。吾将以为教父[12]。

译文

道衍生出一，一衍生出二，二衍生出三，三衍生出万物。万物皆由阴阳二气构成，平衡的阴阳二气成为物的稳定态。

普通人所讨厌的是孤、寡、不榖的状态与称谓，然而王侯王公却用这些字眼来作为自己的名号〔，以此达到警醒自己的目的〕。

因此，世间万物有时因为减少反而得到益处，有时因为补益反而导致一种伤害。这就是古人给予我们的教诲。我也给大家一个忠告：强悍而以力胜人者往往死于非命。我把这句话作为一句格言〔告诉大家〕。

注释

1 此句生一、生二、生三、生万物之“生”，为衍生。对于此句话中一、二、三数字的解释，综合历代注家的代表性说法，可以从三种进路去理解。其一，从道与言的进路来理解，一即是语言之中的道大或大道。语言中的道大或大道与混成之物的道体相对而成为二。《庄子·齐物论》：“天地与我并生，而万物与我为一。既已为一矣，且得有言乎？既已谓之一矣，且得无言乎？一与言为二，二与一为三。自此以往，巧历不能得，而况其凡乎！”天地物我，作为实体之物，可称之一。语言与这个一相对，称之为二。语言作用于实体之物，衍生出被命名之物，故称之为三。由语言与实体作用的三而生出有不同名称的万物。其二，从易学的进路去理解，一为道，类似太极，二为阴阳，亦可以代表乾坤、天地。天地合以降甘露，包括人类及其他一切动植物，是之为三。天地人参生万物。其三，从数学与哲学的角度看，道为一，是为“本数”。《庄子·天下》篇：“明于本数，系于末度。”数字之一即类似老子思想中之道，一切自然数从一开始，然后二，二之后有三。三为众，则由三而及万。号物之数以为万。故三生万物。三种注释的进路中，道作为一的说法是一致的，只是不同的思想进路对于二、三的解释有所不同。老子思想属于人类哲学开端时代的思想，含义多元，蕴涵着多种解释的可能性。本书作者认为，上述三种解释进路当合而观之，方可较完整地解释这句话的丰富意蕴。

2 负阴：背靠着阴。

3 抱阳：拥抱着阳。此两句为比喻之言，即言万物由阴阳两种要素构成。

4 冲气：阴阳二气处于一种相对平衡状态，曰冲气。

5 和：平衡态也。

6 孤、寡、不榖：孤，少而无父者曰孤。寡，老而无夫者曰寡。在以男性为中心的古代社会，年老无夫的妇女更为可怜。此处孤、寡二字引申为无所依靠，势单力薄。不穀，不善。穀，善也。《尚书·洪范》“既富方穀”。“穀”字，古训为善。侯王自称自己不善，实即今天人们谦称自己无德无能之意。

7 称：名号也。

8 损：本义为减少。此处作损害义。

9 益：本义为增加。此作补益、给以好处解。

10 教：诲也，告也。

11 强梁者：强悍而以力胜人者。

12 教父：即教甫，教诲的榜样。

明 仇英 帝王道统万年图册·尧

第八章

导读

本章为王弼本第六十二章，主要赞美道对于人世间的无上价值，可以从四个层次来理解。第一层为前面三句话，总括道对于好人与坏人的二重价值。第二层从美言与尊行的价值视角出发，以衬托的方式说明普遍意义上的人所具有的绝对价值。第三层主要从上述两个层次出发，论证道在王侯政治治理过程中所具有的绝对重要性。第四层是一种哲学的反省，论证道之所以可贵的理由。

此章着重揭示道的超越性价值，它首先是善人的法宝，但不善的人在道的视野里也会得到适当的庇护。正如当今社会的犯人也应该得到基本的人权一样，这正是道对于不善之人的庇护的一种体现。依道而实现自己的正当追求，可是人的认识总会出现这样或那样的盲点，因此，即使人依道而行也会有过失。不过，在这种情况下出现的过失，可以免于严重的后果。如筑堤导河于江，导江于海，也可能会出现决堤的现象。这与硬性地堵住河水，不让它向下流，其过失是不可同日而语的。故依道行事实现自己的所求，而在实现所求的过程中也会出现人为的错误。但原则上这是依道而行的错误，故可以免除严重的后患。

老子思想是哲学的而非宗教的，就在于他时常以这种理性反省的姿态来论述问题。至于他提出的哲学理由在今人看来是否具有哲学道理上的合理性，逻辑上的周延性，那是另外一个问题。

道者万物之奥[1]，善人之宝[2]，不善人之所保[3]。

美言可以市[4]，尊行[5]可以加人[6]。人之不善，何弃之有！

故立天子，置三公[7]，虽[8]有拱璧[9]以[10]先[11]驷马[12]，不如坐进[13]此道。

古之所以贵此道者何？[14]不曰以求得[15]，有罪以免邪[16]？故为天下贵。

译文

道是万物所深藏的地方，它是善人的法宝，也是不善的人的庇护所。

善良的语言可以卖得出价钱，善良的行为可以提升人的价值。一个不善的人［远比美言、尊行更有价值］，我们有什么理由抛弃他呢！

因此，确立天子，设置三公之位，即使再加上拱抱的大璧和众多的战车与战马，也不如跪进我所说的道。

古时候的圣人为什么要尊重我所说的道呢？不正是因为凭借此道可以满足自己的追求，而在依道而行有罪过的时候可以免除惩罚吗？所以，我所说的道是天下最尊贵的东西。

注释

1 奥：藏也。

2 宝：宝物，值得珍视的东西。亦可理解为法宝。

3 之所保：庇护所。

4 市：做交易。此处指卖得出价钱，有价值。

5 尊行：善的行为。与上文“美言”对仗。

6 加人：给人带来正面的价值与评价。

7 三公：此官职有三说。一说三公泛指诸侯。二说见《周礼·天官•宰夫》，指太师、太傅、太保。三说见《大戴礼记•保傅》，指司马、司空、司徒。老子为哲人，此处着重讲道理，而非实论官职，可泛指诸侯。

8 虽：即使。

9 拱璧：两手拱抱之璧，即为大璧。作为礼器，尤其珍贵。

10 以：而，作为连词，意思为“与”。

11 先：通“駪”，多之义也。

12 驷马：驷，本义为由四匹马拉着的一乘车，此处驷马连用，代指马车。驷马即指马车与单独的马匹，它们均是古代国家的重器。

13 坐进：跪进也。由于道为无上尊贵的礼物，又是奉献给天下共主，故曰跪进。

14 古之所以贵此道者何：此为倒装句，古时候的人为什么如此看重道？何，为什么。

15 不曰以求得：此句为省略句，完整的句式当为“不曰以之求而得”，意谓如果人们按照道的方式做事，就能实现自己的追求。此句可作为第二章的“常有欲，以观其微”的注脚。“观其微”，传统注释大都注为“观其边界”，引申意义即为“观其所至”，而观其所至，即是观其所求之得。

16 罪：过也。此句为省略句，依上文当为“以道而求而有罪以免邪”。

西周 素璧

第九章

导读

本章为王弼本第六十七章，可以从三个层次来理解。第一层解释核心概念“道”与任何具体的东西都不相似的理由。这一理由在今天看来也许不那么有说服力，但的确能说明老子哲学核心概念“道”的抽象性特征。第二层进一步阐述了老子哲学的三个核心原则，并简明扼要地解释了三个核心原则在现实世界的独特作用。第三个层次集中论述了“慈”这一原则的现实针对性以及它在政治生活中的极端重要性。慈既充分体现了老子哲学的时代性特征，也显示了其哲学的永恒意义，因为“慈”的观念与古今中外的人道主义思想传统都是一脉相承的。

此章还可与后来佛教的“三宝”相参酌。在佛教之中，佛、法、僧为“三宝”。而老子的“三宝”没有具体的人物，仅是抽象的思想观念与思想原则。仅就此点而言，老子的哲学比佛教的哲学更具有哲学的理性意味。此章中“慈”的观念极其重要，加上仁字，就形成了仁慈的概念，与悲字结合，就形成了慈悲的概念。仁慈可视为儒家的观念，慈悲一般是中国化佛教的观念。以老子为代表的道家思想在儒、佛之间的桥梁意义，可通过这一组概念体现出来。

天下皆谓我道大[1]，似不肖[2]。夫唯大，故似不肖。若肖，久矣其细也夫[3]。

我有三宝，持而保[4]之。一曰慈[5]，二曰俭[6]，三曰不敢为天下先[7]。慈，故能勇；俭，故能广[8]；不敢为天下先，故能成器长(zhǎng)[9]。今舍慈且勇，舍俭且广，舍后且先，死矣[10]！

夫慈，以战则胜，以守则固，天将救之，以慈卫之。[11]

译文

天下人都说我所说的道太漫无边际，好像什么东西也不像。正是因为我所说的道漫无边际，所以才不像任何具体的东西。如果我所说的道像一个什么具体的东西，那它早早地就变得无足轻重了。

我拥有三个法宝，长期以来坚持而珍藏着。第一称之为慈爱，第二称之为俭约，第三称之为不敢贸然地先于天下万物而动。正因为慈爱，所以能真正的勇敢；正因为俭约，所以能真正的广有天下；正因为不敢先于天下万物而动，所以才能成为万物的领导者。当今的人们抛弃了慈爱而一味地追求勇敢，抛弃了俭约而一味地追求广土众民，抛弃了后于物而行却一味地追求先于物而动，一定会走向灭亡。

那慈爱啊，依凭她去进攻就会胜利，用她去守卫城池就会固若金汤。即使是老天要拯救一个国家，也还需要［执政者］用慈爱之心来配合天意以保卫它。

注释

1 大：非第一章中作为道之名的大，而是漫无边际而无所不包的意思。

2 肖：像也。

3 久矣其细也夫：此句为倒装句，可以还原为："夫其细也久矣！"细，小也。引申为无足轻重的意思。久，很早以前。

4 保：珍藏。

5 慈：爱也，柔也。

6 俭：约也，约于道也，与老子说的"少"相通。老子讲："少则得，多则惑。"此"俭"非局限于今日道德上的节俭，毋宁说道德的节俭仅是此“俭”的具体表现之一。

7 不敢为天下先：即不敢先于天下万物而动也，亦即道法自然也。与后人所警示的“出头的椽子先烂”“枪打出头鸟”的意思并不相同。

8 广：拓展至广大。就此章上下文的意思来说，有广土众民之意。若联系本书第二十八章所讲的“长生久视之道”的意思，广亦可通“旷”，训为久远之意。

9 长：领导者。

10 死矣：走向灭亡。

11 此句甚为重要，体现了老子哲学中积极的天人关系的思想。一个国家的命运，即使天命要保护它，也仍需要统治者以慈爱之心来对待他治下的人民，才能获得长治久安。“天将救之”仅是必要条件，“以慈卫之”才是充分条件。由此可见“慈”的重要性。故在老子道法自然的思想体系里，并不包含消极的、被动的意思。而且，此章有总结商王朝天命观的意思，是周王朝“以德配天”思想的继承与发扬。

当代 佚名 千手千眼观世音菩萨轴（临摹）

第十章

导读

此章为王弼本第三十七章，可分两个层次来理解。第一层讲侯王与道的关系，即前三句所论。侯王治理社会，要遵道而行，百姓才能归化，侯王并不能按照自己的主观意志，尤其是主观喜好来治理社会。这就表明，老子的社会治理思想中暗含有尊重社会客观法则的意思在其中，只是他没有明确、清晰地阐述这一道理而已。第二层讲侯王守道、万物自化的过程中出现的“欲作”现象如何克服的问题。老子对欲作的解决方法是“以无名之朴”来镇抚之，这一方法是否有效，老子的答案是肯定的。申而言之，对于社会生活中很多人偏离正道的现象，老子认为只能用道来加以安抚，并不能采取额外的、不合道的方式来处理。正如社会中出现偷盗甚至抢劫的恶劣现象，统治者并不能一味地依靠严刑峻法来制止，而只能从良序的政治秩序治理，从社会分配的正义等合乎道的方式来安抚，最后消除这些不良现象。因此，老子提出的“以无名之朴”镇之的方法，实际上可以理解为是治本的方法。

道常无为而无不为[1]。侯王若能守之[2]，万物将自化[3]。

化而欲作[4]，吾将镇[5]之以无名之朴[6]。无名之朴，夫亦将无欲[7]。不欲以静[8]，天下将自定[9]。

译文

道恒常地表现为无为而其最终结果是无所不为。侯王如果能坚守道的法则，天下万物都会自动地归化于道序。

万物归化道序的过程中出现欲望兴起的现象，我还是用无名之道来加以安抚。无名之道，是不会引起新的欲望的。没有欲望而后就能归于道序的安静，这时天下万物最终又回归到安定的状态。

注释

1 道常无为而无不为：此句第一次明确地揭示了道统一“无为”与“无不为”的矛盾关系，实际上是以拟人的方式，从“用”的角度揭示了道法自然的特征。

2 守之：即守道。之，代指道。

3 自化：自动地归化于王道之秩序。

4 欲作：各种不合乎道的要求产生或兴起。

5 镇：安也，抚也。

6 无名之朴：道的别名。

7 夫亦将无欲：即指无名之道不会引起各种新的欲望的产生。

8 静：归根曰静，合乎道序的要求，非现代汉语中一般意义上的安静。

9 自定：自然而然地回到道的秩序上来，故尔有常。

清 佚名 静观万物册（其一）

第十一章

导读

本章为王弼本第三十二章，可分两个层次来理解。第一层是讲道的功能。从表面上看，道无所欲求，可以看作是渺小，没有什么作用。实际上，天下万事万物没有任何东西能让道臣服于它，看起来很了不起的侯王也只能守道而行，才能让自己的诸侯国变得安宁。而天地只有依道而行，才能有甘露降临，人民才会自动归于均衡的状态。第二层是讲人类社会的开端是始于有名的状态。有名的社会即是有各种制度与束缚的社会，不得已而用这些名号制度来管理人们。但执政者要知道名号制度的负面作用，不能乱用名号，徒增混乱。知止，即知道止于已有的名号系统而不胡乱地增加新的名号，这样就可以避免政治的危险。政治管理的行为要合乎道序的要求，以合乎道序的方式治理诸侯国，正如大小河流最终汇于大海一样顺理成章。

道常无名，朴虽小[1]，天下莫能臣也。侯王若能守之，万物将自宾[2]。天地相合以降甘露[3]，民莫之令而自均[4]。

始制有名[5]，名亦既有，夫亦将知止[6]。知止可以不殆[7]。譬(pì)[8]道之在天下，犹川谷之于江海。

译文

道在恒常的状态下是没有名号的，质朴无名号之道看起来很渺小，但天下万物没有谁能让它作为臣下以供驱使的。侯王如果能够坚守道，他治下的万物将会自动宾服于道序。天地也自动相互作用，从而降下甜美的露水，人民没有受谁指使而自动地均平和谐。

人类初创的制度是从有名的时候开始的，名号制度既然已经存在了，作为执政者应该理解自己的行为应当系于道序之上。知道自己的行为系于道序之上，就可以没有倦怠的危险。这即是说道序在天下流行，其结果类似所有的河流最终都要流到大海一样，一切都会自然而然地有序化。

注释

1 朴虽小：朴，即道的别名。小，道“常无欲，可名于小”（第五章）。此处“小”是从道的无欲、无为、人不知其用的角度而言的，并不是真正的渺小，无所作用。下一句“莫能臣”亦可说明道之“小”仅是一假象。

2 自宾：自动地宾服于道序。

3 甘露：纯净而有甜味的露水。喻天地以合乎道的方式相互作用而产生的美好结果。

4 民莫之令而自均：此句再次表明老子的无神论思想。在道序里，万民自动地走向均平的美好生活状态。

5 始制有名：制，本义为裁剪，引申义指人为的社会秩序。社会秩序作为名号系统，是从族长、官制等命名的行为开始的。

6 知止：知道定于根本之道。儒家《大学》篇要求人们“止于至善”，老子要求人们止于道。这里将道视为最高的价值标准。

7 殆：疲惫、倦怠。

8 譬：喻也。

清 王翚 长江万里图卷

第十二章

导读

此章为王弼本第四十一章，可分三个层次来理解。第一层主要讲三种不同精神境界的士人对于道的理解方式。其实也可以说，对道的三种不同理解方式决定了士人的精神境界。第二层是老子引用古代的格言来说明他理想中的道与德在经验世界里所表现出的各种假象。第三层是最后的两句话，意思是回到他自己的思想出发点，即道是隐藏于无名的状态，但它对万事万物都有正面的作用。

本章王本“大白若辱”一句放“上德若谷”之后，“广德若不足”之前，明显不妥，故略加调整，变成现在的样子，更合适。本章中出现的“大”字，当作道之名来理解，而不应该理解为一般性的形容词。

上士[1]闻道，勤而行之[2]；中士闻道，若存若亡[3]；下士闻道，大笑之[4]，不笑不足以为道。故建言[5]有之：

明道若昧[6]，进道若退，夷道若颣（lèi）[7]。上德若谷[8]，广德若不足[9]，建德若偷[10]，质真若渝[11]。大白若辱[12]，大方无隅（yú）[13]，大器晚成[14]，大音希声[15]，大象无形[16]。

道隐无名，夫唯道善贷[17]且成[18]。

译文

上等士人听到了道，勤勉地实践道；中等士人听到道，有时候意识到有道，有时候又觉得道不存在；下等士人听到道，对道大加嘲讽。下等士人如果不对道加以嘲讽，［我们说的道］也就不足以作为道了。古代格言有这些说法：

明明白白的道看起来是昏暗的，前进的道看起来是退缩的，平坦的道看起来是崎岖不平的。最崇高的德看起来像山谷一样空虚，最广大的德看起来有所欠缺，刚健之德看起来是放松轻闲的样子，本性最纯真的看起来是有污渍的样子。合乎道的纯白看起来是黑色的，合乎道的处所是没有隅角的，合乎道的器物没有最终的完成，合乎道的乐音听起来似乎没有声音，合乎道的形象是没有固定形状的。

道隐藏在无名的状态之下，但只有道善于给予而且让万物实现自身。

注释

1 上士：最高等的士人。此处非实指周朝政治制度下的元士，而是指精神境界上的最高等的士人。正如孔子改变了周代“君子”一词的内涵一样，老子则改变了周朝“士”的内涵。下文中士、下士以及其他章中“善为士者”等亦如此，皆非实指政治制度中的士人。

2 勤而行之：勤，勉力而为。行，在生活中实践、运用。

3 若存若亡：若，好像。存，在也。亡，消失。整句形象地描述了中士之人对于道的心态，有的时候意识到了道的存在与作用，有的时候又忘记了道的存在与作用。

4 大笑之：极尽嘲讽之能事。之，代指道。

5 建言：即古代格言。

6 昧：昏暗也。

7 纇：不平也。

8 上德若谷：上德，最崇高的德。谷，山谷，虚也。

9 广德若不足：广德，最广大而无所不包之德。不足，有欠缺、不

元 颜辉（传） 寒山拾得图

丰盈之状。

10 建德若偷：建德，即刚健有为之德。建，通“健”。偷，偷乐也，放松而无所为的样子。

11 质真若渝：质，人之内在本性。真，纯真。与道之精粹相关。渝，污渍。婴儿刚出世，其性最为纯真，而其外貌好像是不干净的。

12 大白若辱：大白，即道白，污也。将白色的丝与布染成黑色，称之为辱。白色象征纯净，道之纯净恰是不明不昧，玄而又玄。故道白看起来像黑色，看不清。此句在次序上与王本略有不同。

13 大方无隅：大方，即道方，亦即绝对的空间。隅，角也，城角或墙角是也。大方无隅，类似《易传》“神无方而易无体”之说，意谓道有体而不定其所在，不定其所在则无不在也。庄子曾谑称“道在矢溺”，亦此意也。

14 大器晚成：大器，即道器，亦即道之为器，如“有物混成”之物。晚，或作免。晚、免为双声叠韵字，义同。晚成即免成。免，去也，释也。“道之为物，惟恍惟惚”，无所谓成也。庄子有“万物皆种也，以不同形相禅”，又主张“物化”、万物无成无毁，皆老子“大器免成”之意也。

15 大音希声：大音，即道音。希，少也。相对人耳的听觉而言，非无声也。

16 大象无形：大象，即道象。无形，没有固定的形式或形状。

17 贷：给予。

18 成：成就、实现。

第十三章

导读

本章为王弼本第五十一章，主要讲道与德的关系。我们将它放在此处，作为承上启下之章。本章还引申出物、势两个概念，但在老子五千言中，对物、势两个概念讨论得不多。在庄子与兵家的思想中，分别讨论了物与势的问题，由此也可以看出庄子和老子的继承与发展关系，同时也可以看出先秦兵家与老子思想的内在联系。不过，老子在此处讲的“势”，其主要意思还是一种偏向于静态的势位、环境，与兵家讲的动态的势有很大的区别，但二者之间有某种内在的意义关联性。

此章讲“道尊德贵”是一种自然而然的现象，没有什么神秘的主宰者让“道尊德贵”，再一次体现了老子思想在春秋时期所具有的革命性色彩。老子以“尊道贵德”的哲学思想突破周王朝的“以德配天”的思想，是中国上古思想的一次重大的突破。周王朝的统治者不完全相信商王朝统治者的天命观，提出了“以德配天"的思想，是一次思想的进步。但周王朝的统治者并没有完全否定天命。老子则完全否定了天命，认为一切皆是道的运动结果，道所具有的绝对支配力量完全是自然而然的，没有主宰者让道具有这种绝对崇高的力量。但这种道的具体内容究竟是什么，老子无法讲清楚，也不可能讲清楚。人类思想的进步是不可能一步到位的，思想史的发展与人类认识自然、改造自然的能动性这一客观历史进程大体上是一致的。这里我们必须运用历史唯物主义的原则来解释这一思想史上的现象。

道生之[1]，德畜之[2]，物形之[3]，势成之[4]。是以万物莫不尊道而贵德。道之尊，德之贵，夫莫之命[5]而常自然[6]。

故道生之，德畜之；长之，育之；亭之，毒之；养之，覆之。[7]生而不有，为而不恃，长而不宰，是谓玄德[8]。

译文

万物由道产生，由德畜养，由具体器物赋予形状，由具体器用而实现它们的价值。所以万物没有谁不尊重道，不珍视德。道所获得的尊重，德所获得的珍视，没有任何造物主命令它们处于尊贵的地位，远古以来自然而然是这样的。

因此，万物由道产生，由德畜养；由道领导，由德养育；由道赋形，由德丰厚；由道衣养，由德庇护。道产生万物而不拥有它们，对它们有所作用而不自恃自己的功劳，领导它们而不宰制它们。道的这种作为就称之为幽深不可全知的大德。

注释

1 道生之：此句为省略句，意谓万物皆由道生之。后三句亦如此。此处“生”字有生育之意，与第一章“可以为天下母”相参阅。

2 德畜之：道生万物，由德来畜养万物。畜，通“蓄”，有积累、养育之意。

3 物形之：成为某一具体之物，则就定型化，故物让道生之结果有一具体的形式。老子哲学不是抽象地谈论形式，而是从具体的物来讨论物之形式。有物斯有形，有形斯有数，故数是从物而起。

4 势成之：帛书甲、乙本均作“器成之”，高明《帛书老子校注》此章注释认为，器、势，古音同而意思不同，但作为“器”解更合适。势，位也，物之所处的环境或情境也。器，用也，可用者为器。万物功能之实现，全凭环境中之使用也。势成之，或器成之，即是说万物皆因其所用而实现其价值。这即是中国哲学“因用以发体”思想的最古老的表达。故此句话中之“势”，非

清 沈源 琴德簃图

后世兵家所讲的动态力量；此处所讲的“器”，亦非一般器皿之物，而是器用意义上的器。

5 莫之命：没有谁来发号施令。莫，没有谁。《庄子·则阳》篇讲“或使莫为”，与此意义相关。命，发布命令。

6 常自然：指道尊德贵，是自己让自己成为这样的。正好与第一章“道法自然”相呼应。

7 此三句依前文当为省略句，其完整的表达式应当为：道长之，德育之；道亭之，德毒之；道养之，德覆之。亭，赋形也。毒，通“笃”，使之丰厚也。养，衣养，滋养。本书第五章讲道是“衣养万物而不为主。常无欲，可名于小”。覆，盖也，庇护也，保护也。

8 玄德：幽深而不测之大德，此德亦即是道的根本性之体现。

第二编 德论

本编论德的文字比较少，仅有三章，但这并不表明德论的内容在老子的思想中不重要。老子自己已经明确地说过："孔德之容，惟道是从。"这就表明，在老子的思想体系中，讨论"道"的很多文字都可以看作是讨论德的内容。道所具有的"生而不有，为而不恃，长而不宰"的品性，其实就是一种"玄德"，同时也是孔德与厚德，是人间的侯王要学习与持守的上德，是上士要"勤而行之"的一种美德。所谓"含德之厚"，是说致力于美德修养的人要长时间地浸润其中，而让自己在更高的层次上回归到赤子的纯朴状态。而能够让一个人的德性回归到赤子状态，则可以与任何事物相处，并且毒蛇猛兽都不会伤害他。这与《易传》所说的"厚德载物"的思想，似乎有某种奇妙的相通之处。

本编论德的文字中，老子还明确地提出了一种历史退化论。这种历史退化论并不是从知识与技术等文明的增长的角度来立论的，而是从人的道德品质的角度来立论的。远古社会，人们没有那么多的条条框框，在道德方面显得更纯真一些。人类越是进入文明化的状态，人们的纯真德性就越来越少。老子将礼制社会看作是人们忠信美德变得稀薄的社会，甚至认为礼制社会是人类生活走向混乱的开端。这一说法当然是偏激的，但从这种偏激的说法中，我们似乎也能感受到某种真理性的内容。老子批评周代文明，孔子歌颂周代文明。老子未必针对孔子，但老、孔思想之别是显而易见的。

老子要求人们守道，认为只有守道才能长久。他在德论部分所说的道，既指整个宇宙的法则，更主要地是指人类社会自发形成的基本法则。而这一自发形成的基本法则，可以视之为另一种形态的自然而然——人文性的自然。故刘笑敢提出的“人文自然”概念虽然颇为奇怪，但还是有启发意义的。在引进了哲学学科之后，我们似乎应该说，老子的“自然”概念是一个哲学概念，并不直指大自然本身，而只是从大自然的自然而然的运行法则中领悟到的某种不是通过计算、控制所产生的法则。人类社会中某些习俗就是另类的自然而然，尽管它是人的行动的结果。因此，老子的“自然”概念，既包含了大自然的自然而然的样子与法则，也包含了人类社会自然而然的样子与习俗。后者意义上的自然而然，可与英文的 spontaneous 一词相近。而这一“自然”概念所包含的两层意思，在老子的思想中就构成了他的“道序”，而老子本人深信，遵循“道序”去治国、修身，就可以达到“长生久视”的理想效果。

第十四章

导读

本章为王弼本第二十一章，该章可以从三个层次来理解。第一层是讲德与道的关系，即前面两句。第二层从“道之为物”起到“以阅众甫”止，主要意思是讲作为实体的“道”在人的认识中的表象。此段中象、精、真、信，都是老子哲学的重要概念，而《周易》哲学的象数思维之象，与老子哲学中之象可以相通。“信”为先秦儒、道、法家哲学共用的价值概念，是对人言说的基本道德要求。第三层即是最后两句话，老子交代自己的哲学认识方法论，他是如何知道万物的开端状态的，其实就是从“道”的角度看问题的结果。《庄子·秋水》篇明确提出“以道观之”的方法，可与此章相参酌。

孔德之容[1]，惟道是从[2]。

道之为物[3]，惟恍惟惚[4]。惚兮恍兮，其中有象[5]；恍兮惚兮，其中有物[6]。窈兮冥兮[7]，其中有精[8]；其精甚真[9]，其中有信[10]。自古及今，其名不去[11]，以阅众甫[12]。

吾何以知众甫之状哉？以此[13]。

译文

大德的外在形象，就是顺从道的象状。

道化作一种个体化的实体性存在物，在人的认识中是昏暗不清晰的。这种昏暗不清晰的样子啊，其中有某种确定的象状。这种不清晰昏暗的样子啊，其中有某种实体性的存在物。道的象状幽深而昏暗，其中有某种精粹的东西；这种精粹的东西十分真实，这种真实性是可以核查、确证的。自从远古的开端到今天我们所处的时代，道的名都不曾离开道之实体，因而能够［凭借道而］考察万物的开端。

我又是如何能够知道万物的开端状态呢？就是以道的眼光来考察万物的开端啊［，因为道先天地万物而生］。

注释

1 孔德之容：孔，大也。孔德，即大德。容，外在表象。

2 惟道是从：惟，虚词。从，顺也。最伟大的美德是“顺从”，《周易》坤卦亦代表顺德。儒家认为：“汤武革命，顺乎天而应乎人。”儒家的伦理思想，强调人在家庭中应“孝顺父母”。“顺”之为德也大矣。

3 道之为物：之，介词，取消“道”字在句子中的主语性质。物，一种个体化的实体性的存有。道之为物，即朴散为器。

4 恍、惚：恍，昏也。惚，心不明的样子。恍、惚双声词，后来作为连绵词恍惚，意思大抵相同。

5 象：物所呈现的外在形貌。

6 物：即个体化的实体性的东西。

7 窈、冥：窈，深远。冥，昏暗。

8 精：本义为米之精粹，此处引申为纯粹之质也。

9 真：不虚妄。

10 信：言可核查、对证曰信。

11 去：离开。

12 以阅众甫：以，转折连词，而也。阅，历也，考察、察看之意。众甫，万物之开端。

13 以此：以，凭借。此，代指“道”。

南宋 陈容 九龙图（局部）

第十五章

导读

本章为王弼本第三十八章，属于王本的下篇第一篇，可以从三个层次来理解。第一层从开头到“则攘臂而扔之”为止，主要讲上德、下德、上仁、上义、上礼这五种政治治理的形态，高度肯定上德之世，极力批评上礼的政治形态。第二层在此基础上总结出一个退化的道德史观，将上礼的社会看作是人类政治混乱的真正开始的时代。很显然，老子对于周朝政治秩序从总体上是持否定态度的，与孔子称赞“郁郁乎文哉，吾从周”的政治态度截然相反。第三层从普遍性角度来讨论得道之实的社会与居道之华的社会的区别，由此，老子提出了自己的价值选择：处厚去薄，处实去华。

上德[1]不德，是以有德；下德[2]不失德，是以无德。上德无为而无以为，下德为之而有以为。上仁[3]为之而无以为，上义[4]为之而有以为。上礼[5]为之而莫之应，则攘臂而扔之[6]。

故失道而后德，失德而后仁，失仁而后义，失义而后礼。夫礼者，忠信之薄而乱之首[7]。

前识[8]者，道之华[9]，而愚之始。是以大丈夫处其厚[10]，不居其薄[11]；处其实[12]，不居其华[13]。故去彼取此。

译文

最崇高的美德不以德自居，因而是真正的有德；最低下的德性以德自居，因而是真正的缺德。上德之世无为也没有什么需要有为的，下德之世忙碌而真的有事可做。上仁之世有为而实际上无事可做，上义之世有为而真的有事可做。上礼之世有为而没有谁响应执政者的做法，于是统治者挽起袖子将人们强行拽入他们的规范之中。

因此失道以后提倡德治，失德之后提倡仁治，失仁之后提倡义治，失义之后提倡礼治。礼治啊，是人的忠信美德变得轻薄之后的表征与社会陷入混乱的开端啊。

先于自然而动的东西，是道的外在假象，实际上是人陷入愚蠢的开端。因此真正的大丈夫以厚重自处，而不居于轻薄之地；把自己放在质朴之地，而不自居于表面的华文。因此我们应当剔除薄、华而择取厚、实。

注释

1 上德：即最崇高的美德。

2 下德：即最差的德性。

3 上仁：最符合仁之本质的仁德。

4 上义：最符合义之本质的伦理规范。

5 上礼：最符合礼之本质的礼治。

6 攘臂而扔之：攘臂，挽起袖子。扔之，用手拽着人的样子。

7 首：开端也。

8 前识：王弼认为是“前人而识”，是“下德之伦也”。严遵认为是“预设然也”。河上公认为是“不知而言知为前识”。韩非子认为是“先物行先理动之谓前识”。笔者认为严遵、韩非子的解释更符合老子的意思。老子讲“道法自然”，讲“不敢为天下先”。前识，即先于自然法则而动，是主观性的，受欲望或习俗，或一种观念、成见的驱使而作为。而这些东西都是“道”的

明 佚名 三教图

运动所表现出的表象，而非道之根基性的、深藏不见的那部分内容。

9 华：表面现象。

10 厚：重也。即道之根基，无名的状态。

11 薄：轻也。

12 实：质也。

13 华：文也。

第十六章

导读

此章为王弼本第五十五章，该章在后世多作养生的内容而被人们关注。实际上，该章可从三个层次来理解。第一层从开头至“和之至也”止，用文学的手法喻指道德修养达到极高境界后的种种美妙的效果，以显示道德修养的妙处。第二层从“知和曰常”起到“心使气曰强”止，主要重新阐述世人所理解的一些哲学观念与价值观念，体现了老子正人心的思想愿望。比如说，老子将“常”规定为对“和”的认知与把握，而不是物之不变。将“明”看作是对“常”的认知而不是日月的自然之光。可见，老子的哲学要求我们认识自然与社会的平衡状态。老子反对过分地养生，认为这种行为其实是一种灾难，尤其不要让自己的理性意识驱使自己感性的身体，“心使气曰强”一句，对何谓“勉强”做了非常精彩而又合乎生命体验的规定。当然，我们也可以进一步将“气”理解成一种精神性的“气”，与我们今日所言的自由意志结合起来。那样，此句中的“心”更可以看作是一种理性认识了。最后三句回到老子一贯的思想主张，即要求人们守道。人们如果不守道，将会早早地走向死亡。

含德之厚[1]，比于赤子[2]。蜂虿(chài)虺(huǐ)蛇不螫(shì)[3]，猛兽不据[4]，攫(jué)鸟不搏[5]。骨弱筋柔而握固，未知牝(pìn)牡(mǔ)之合而全作[6]，精之至也。终日号而不嗄(shà)[7]，和之至也。

知和曰常[8]，知常曰明[9]，益生曰祥[10]，心使气曰强[11]。

物壮则老[12]，谓之不道，不道早已[13]。

译文

怀拥美德达至深厚的境界，就会像婴儿一样纯真。蜂虿虺蛇一类的毒虫不会毒害他，凶猛的野兽不会攻击他，猛禽不会去袭击他。他像婴儿一样骨软筋柔而把握的东西却很牢固；他并不知道牡牝一类动物的性事而小生殖器处于勃起状，这是他内在精气充盈的自然表现。他一天之内动不动就啼哭但并没有出现气逆状态，这是因为他内在心气极其平和。

知道何者为“和”就可以称之为“常”，知道何者为“常”就可以称之为“明”。过分地养生称之为“妖祥”，让自己的心驱使自己的气就称之为“勉强”。

让事物迅速发展到极盛的状态就会走向衰老，这就称之不合道，不合道的人与物就会提前死亡。

注释

1 含德之厚：含，怀也，藏也。之厚，达至丰厚的境界。

2 比于赤子：比于，类似。赤子，婴儿也。

3 螫：虫行毒也。蜂、虿、虺、蛇，皆毒虫类也。

4 据：抓也。

5 攫鸟不搏：攫鸟，以爪抓物的猛鸟。搏，抓也。

6 全作：全，一作“朘”，小男孩的生殖器。作，勃起。

7 嗄：河上公本作“哑”，高明据帛书甲本考证作嗄，意谓气之逆也。今从高明考辨。

8 常：此章中“常”字，是认识论中的“常”，即人所认识到的气之平衡状态，在认识论里就称之为“常”。

9 明：智慧的状态。它是老子哲学中重要的认识论概念，类似于今日所言的智慧。能够认识到何者为常，则是一种智慧的状态。

10 祥：此处意思是妖祥，非今日所言的吉祥。

11 强：勉强，不合乎道的要求。

12 物壮则老：壮，达到极盛状态。老，物之将萎者曰老。

13 已：止也。引申为死亡。

宋 苏焯 端阳戏婴图

第三编 政论

本编共有二十七章,是各编中内容最多的。可以这样说,老子哲学的主要内容是政论,这不只是因为本书的编辑体例使之然,而主要是其哲学思想的本身性质决定的。中国古代哲学的一个突出特点是,从政治领域、人伦生活的现象出发讨论一些带有普遍性的哲学问题。就主题而言,老子的政论内容涉及的方面极其广泛,有涉及政治权力来源正当性思考的道论与执政者的德性问题,有涉及政治权力的行使与社会资源分配的公平问题,有涉及理想社会形态的构建以及什么是好的政治形态的评价标准问题,有涉及诸侯国的外交原则问题,有涉及战争与和平的问题,有批评现实政治不合理的激烈言论,等等。对于这些问题,老子虽都有所涉及,但都没有来得及做更加深入、细致的论述,这就给后人提供了广阔的理论阐释空间。

老子政论中包含的最为可贵,且仍然具有现实意义的政治思想内容之一,就是其中深刻的民本思想。他反对统治者过分地追求自己的养生而不顾民众的死活,反对统治者向人民征收过重的税收,尤其强调政治的基础应该建立在贵生、尊生的基础上,公开地指责统治者的自私导致人民轻视自己的生命，铤而走险去反抗。这些都是古典社会里具有深刻的人文关怀的政治思想。其二是重视和平，反对战争，尤其是反对那些辅佐人主的王公大臣动辄以强兵来劝进诸侯王的做法，提出了“以道佐人主者，不以兵强天下”的正确政治主张。在对待战争的态度上，老子提出以丧礼的方式来对待战争，以及战争中获胜的一方要以丧礼来处置自己的胜利，否则就是歌颂杀人。这一反战思想蕴含着极其深刻的人道主义精神。

老子还指出，真正的王者当以谦下为怀，在外交方面，无论是大国诸侯，还是小国诸侯，都将从谦下为怀的政治品德中为自己的诸侯国获得真正的利益。而王道更应当以谦下为本，像江海处于万川的下游，才能百川归海，获得天下人的认同与归服。想以强势的征战来获取天下，在老子看来是不可能的。老子没有看到秦国统一天下的事实，但秦国统一天下之后二世而亡的结果，在某种意义上还是证明了老子政治思想的正确性。汉以后的政治实践表明，马上可以得天下，但必以仁义之道守天下。老子贵慈、儒家贵仁的政治思想，在原则上是正确的。

当然，老子的政治思想中也有不见得合乎时宜、行得通的主张，如不尚贤、不贵难得之货等主张。这些主张从学理的层面说，有其合理性的一面，但在政治实践中是行不通的。竞争的确会衍生出众多虚伪,并引发出很多其他的问题,但竞争可以开民智,可以促进人类文明的发展。问题恐怕在于,我们不能反对适度的竞争,而是要建立合理的竞争制度,以保证竞争的公平,最大限度地避免因竞争而带来的负面影响。老子言及了政治公平,但似乎未关注到政治的正义。也许,在道序的社会里,正义是多余的。

第十七章

导读

本章为王弼本第十八章，从道的角度批评周代文明，认为仁义、智慧、孝慈这些正面价值，其实都是更为根本的价值丧失之后出现的次一级的价值，并不值得大力地宣传。人们应该追求更为根本的有道社会，即上德之世，追求国家秩序的安宁。

大道废[1]，有仁义；慧智[2]出，有大伪[3]；六亲[4]不和，有孝慈；国家昏乱，有忠臣。

译文

大道的法则坏弃之后，于是出现了仁义；人们的智巧产生了，于是出现了最系统的人为制度；六亲之间的关系变得不和睦了，于是社会上就出现了一些孝慈的现象；国家的根本秩序紊乱了，于是就出现了一些忠臣式的人物。

注释

1 废：坏也，弃也。

2 慧智：不同于现代汉语中所讲的“智慧”一词，是指与道之朴实、无华相反的“智巧”。

3 大伪：高度的人为化，即指周代系统的文明化的制度，并非一般意义上的道德的虚伪，不诚实。荀子有“化性起伪”之说，其所说的“伪”即是老子所说的“伪”。然荀子是从肯定性的角度来论述“伪”的。

4 六亲：父、母、兄、弟、妻、子。兄弟包含了姐妹，子包含了女，古代女儿亦称子。

明　佚名　仿李唐采薇图

第十八章

导读

本章为王弼本第十七章，在此章中，老子给出四个衡量执政者好坏的标准，又将社会中出现的人与人之间的不信任现象视为执政者失信在先的结果。老子告诫执政者，要效法道的样子去治理社会，当一切都很有序化的时候，老百姓根本不会意识到执政者的宰制力量的存在，而自以为是自然而然的结果，这才是最理想的政治。这也可以说是老子理想中的一种圣人之世或圣人之治。

太上[1]，下知有之[2]。其次[3]，亲而誉之[4]。其次[5]，畏之[6]。其次，侮之[7]。

信不足焉[8]，有不信焉。悠兮[9]其贵言[10]。功成事遂，百姓皆谓我自然。

译文

最高明的统治者，下面普通的民众仅仅知道有他存在。下此一等的统治者，百姓亲近他而且赞誉他。又下此一等的统治者，百姓畏惧他。最下等的统治者，百姓会侮辱他。

社会上信任不充分的地方，其中早已有失信的行为在先了。谨慎啊，执政者要重视自己发布的政令。如果一切事都成功了且完满地实现了，老百姓都说这是我们自然而然达到的啊［，这就是最好的执政者所达到的无为而治的状态］。

注释

1 太上：最高明的统治者。

2 下知有之：在下的普通百姓知道有那么一个在上者，但不对他们实施强制的政治措施。之，代指最高明的统治者。陈鼓应引古代多种《老子》版本，认为此句为“不知有之”。今从王本原文。

3 其次：比最高明的统治者下一等的统治者。

4 亲而誉之：亲，近也。誉之，赞美他。

5 其次：比第二种统治者又下一等。

6 畏之：惧怕他。

明 仇英 帝王道统万年图册·周王

7 侮之：即民众不再听从上位者的指令，甚至会造反，将他赶下台。是曰侮之。

8 信不足焉：指社会上人与人之间的信任不够充分。焉，处所代词，即“之处”之义。此句的断句与楼校本不同，将“焉”字前属。

9 悠兮：悠，通“犹”，即犹豫、谨慎之义。

10 言：统治者或曰执政者发布的文告、政令之类，非一般性的说话。

第十九章

导读

本章为王弼本第五十三章，主要从道的角度来批评当时诸侯国政治中不合乎道的浮华现象，可从两个层面来理解。第一层即是开头的五句话，正面陈述老子本人的政治主张，要求执政者依道而行，反对走捷径。第二层主要是批评当时诸侯王的政治行为不合乎道序的要求，有大量虚华的政治现象。文中运用对比的手法揭示虚华政治现实里两种尖锐对立的现象：一方面，朝廷的建筑很整洁，统治者衣着很华丽，身佩利剑，看起来很威严，而且囤积了很多的财富；另一方面，下层百姓的田地抛荒，而国家的国库实际上是空虚的。这种不合理的财富分配与占有状况，老子直斥之为虚华的繁荣，是不合乎道的要求的。

使我介然[1]有知，行[2]于大道，唯施[3]是畏[4]。大道甚夷[5]，而民好径[6]。

朝甚除[7]，田甚芜[8]，仓甚虚[9]。服文彩[10]，带利剑，厌饮食[11]，财货有余[12]，是为盗夸[13]。非道也哉！

译文

假如我确定无疑地知道什么，那就是一定要行走在大道之上，对于任何邪僻的行为保持高度的敬畏态度。大道本来是平坦的，而一般的人总喜欢寻找捷径。

统治者的朝廷建筑搞得很整洁，可他们统治下的田地却荒芜不长庄稼，仓库里空虚没有什么储备粮。统治者们穿着华丽的衣裳，带着锋利的宝剑，饱食终日，无所事事，家家的财富都非常丰裕，这是一种虚假的繁荣现象。不合乎道的要求啊！

注释

1 介然：确然。

2 行：从容地行走。

3 施：邪僻之行。

4 畏：敬畏。

5 夷：平坦。

6 径：看起来更便捷的小路。

7 朝甚除：朝，指朝廷建筑。甚，十分，很。除，整洁。

8 田甚芜：田，土地。芜，荒芜，不长庄稼。

9 仓甚虚：仓，仓库。虚，空虚，没有多少储备粮食。

10 服文彩：服，穿着。文彩，华丽的衣裳。

11 厌饮食：厌，足也。统治者足于饮食，无所事事。故曰“厌饮食”。《论语·阳货》中孔子批评一些人“饱食终日，无所用心”，可作为老子这句话的注脚。

12 余：丰裕。

13 盗夸：虚华也。中医有“盗汗”一词，盗汗即虚汗。夸，古“华”字。参见张富祥《〈老子〉校释二题》一文，见《中国哲学史》2003年第1期。

清 佚名 耕织图册（其一）

第二十章

导读

本章为王弼本第十二章，主要批评过分奢侈的物质生活与享乐生活对人的生理与心灵的伤害。老子提倡一种简朴的生活，以理想中的圣人的主张来批判他所处的时代出现的一种奢侈的生活方式。老子在此处提倡的简朴生活主张，有其永恒的合理性。但是，人性的丰富与深化，恰恰是在与物、与文化深度打交道的过程中得以实现的。人们可以享用五色、五音、五味等美妙之物质与精神产品，但不受这些物质与精神产品的束缚，始终能保持一颗自由、开放、创造的心灵，则五色、五音、五味为我所用，亦无不可。一味地为腹而不为目、不为耳，则人类就无法超越禽兽之类的生活，无法创造出灿烂的人类文明。王夫之主张“入五色而用其明，入五声而用其聪，入五味而观其所养”，又提出“甘食悦色，天地之化机”的思想，在这个问题上对老子的思想进行批评，是正确的。

五色[1]令人目盲[2]，五音[3]令人耳聋[4]，五味[5]令人口爽[6]，驰骋畋(tián)猎令人心发狂[7]，难得之货[8]令人行妨。

是以圣人为腹不为目[9]，故去彼取此[10]。

译文

五色交绘使人眼睛丧失对色彩的审美能力，五音繁促使人耳朵丧失对声音的审美能力，五味厚重使人嘴巴丧失对食物的味觉分辨能力，频繁的骑马比赛、围猎使得人心智发狂而丧失冷静与理性的思考，拥有过多珍贵的财物使人的行动受到严重干扰。

因此真正的圣人只要求吃饱饭而不追求眼、耳、口等过分的感官享受，所以我们要剔除为目之类的奢侈享受而选择为腹一类的简朴生活。

注释

1 五色：青、赤、白、黑、黄。《礼记》《左传》中涉及的五色顺序不同，内容一致。

2 目盲：此为喻指，意指人丧失对色彩的审美能力。

清 郎世宁 乾隆皇帝射猎图（局部）

3 五音：宫、商、角、徵、羽。

4 耳聋：此为喻指，意指人丧失对声音的审美能力。

5 五味：酸、咸、辛、苦、甘。

6 口爽：此为喻指，意指人丧失对食物的味觉分辨能力。爽，差错也。

7 驰骋畋猎令人心发狂：此句实含批评之意，指责统治者借练兵之由，不断从事骑马比赛、打猎等活动，使人丧失冷静、理智。

8 难得之货：指所有珍贵的财物。

9 为腹不为目：此句为省略句，意谓为腹不为目、耳、口等一系列奢侈性的感官享受。

10 去彼取此：彼，代指为目、耳、口一类奢侈性的感官享受。此，代指为腹一类的基本需求、简朴的生活。老子五千言中的彼、此，往往可以指代上文所说的一类事情，体现了老子语言的简约风格。

第二十一章

导读

此章为王弼本第十三章，可以从三个层次来理解。第一层即开头两句话，直接表达老子的宠辱观与尊重生命的观念。第二层即是解释齐等宠辱与尊重生命的理由。第三层是在第二层解释的基础上给出了一个引申性的说法，将贵身、爱身与侯王领受王权的资格问题结合起来，颇为独特，亦颇为深刻，其中蕴涵了非常丰富的可解释的政治哲学空间。也许老子本人并未意识到后人的一些想法，但将贵身、爱身与拥有王权的资格问题联系在一起，的确开启了一种新的人文政治道路，是对他之前的，而且在他所处时代仍然盛行的王权神授、天授的观念的一种否定。

老子是哲人，他的新思想并没有振臂一呼而云集响应的实际革命力量，但却像涓涓细流，慢慢地浸润着后代的思想家。战国中期的一些民本思想家的政治思想应当都或多或少地受到老子这一政治哲学思想的影响。

宠辱若惊[1]，贵大患[2]若身。

何谓宠辱若惊？宠为下[3]，得之若惊，失之若惊，是谓宠辱若惊。何谓贵大患若身？吾所以有大患者，为吾有身，及吾无身，吾有何患！

故贵以身为天下[4]，若可寄[5]天下；爱以身为天下，若可托[6]天下。

译文

得宠与受辱是一样的让人受惊，像重视身体一样重视大难。

为何说得宠与受辱是一样的让人受惊？得宠的行为本身表明你是低下的，得宠时像受辱一样让人受惊，失宠时也像受辱一样让人受惊，这就叫作得宠与受辱一样让人受惊。为何说像重视身体一样重视大难？我们之所以有大难来临的现象，是因为我们有自己的身体，等到连我们的身体都不存在了，我们哪里有什么大难呢？

所以以重视身体的观念去重视天下，这样的人可以把天下托付给他；以爱护自己身体的观念去爱护天下，这样的人可以把天下委付于他。

注释

1 若惊：若，一样的。惊，使人受惊。

2 贵大患：贵，重视。大患，大难、大忧、大祸也。

3 宠为下：受宠、得宠这件事本身是一种处于下位、贱位的表现。王侯宠嫔妃，宠近臣，未有嫔妃、近臣宠王侯之事。故曰“宠为下”。

4 故贵以身为天下：此句的意思当为“故以贵身的观念贵天下”。

5 寄：托也，依附也。

6 托：寄也，委也，付也。

南宋 马远 山径春行图（局部）

第二十二章

导读

本章原为王弼本第二十九章，集中阐述“天下不可为”的理由，这种理由可以总括为两个方面的意思：一是天下为神妙之器物，人的认识无法把握它，故不可为；二是经验层面的差异性，没有人可以用一种自以为是的方法来强制性地要求天下人都服从他的要求。这两条理由在今人看来并不能充分地证明天下不可为，然联系老子的道论思想，他无非是想说，要遵循天下自身的法则去管理天下，而不能以自己主观性的观念来宰制天下。最后，老子提出理想中的圣人的做法，以之作为现实中王侯的榜样。

将欲取[1]天下而为之[2]，吾见其不得已[3]。天下神器，不可为也。为者败之，执者失之。

故[4]物或行或随[5]，或歔(xū)或吹[6]，或强或羸(léi)，或挫或隳(huī)[7]。是以圣人去甚[8]，去奢[9]，去泰[10]。

译文

想要用强硬的手段夺取天下而努力谋划此事，我看这件事不会成功。天下是神妙莫测之器物，不能够对它有所作为。凡想对天下有所作为的人都会失败，想牢牢地宰制天下的人都会丧失天下。

那天下万物有的是主动行走，有的是跟随而行；有的是吸气，有的是吹气；有的是强悍的，有的是羸弱的；有的是强力折断的，有的是自然废弃的。所以圣人剔除过分，剔除奢侈，剔除骄纵。

注释

1 取：用强硬的手段夺取。

2 为之：人为的谋划。

3 不得已：不能够成功。已，成功，实现，完成。

4 故：因上起下之词，没有实义。此处与发语词“夫”可通训。

5 或行或随：行，主动地走动。随，被动地跟随，依附。

明 佚名 明成祖坐像轴

6 或歔或吹：歔，吸气。吹，送气。

7 或挫或隳：挫，折断。隳，坏也，废弃也。

8 甚：《说文·甘部》："甚，尤安乐也。"河上公注亦依《说文》注此"甚"字。按照此章的全文脉络来看，与过分的淫乐之意似乎无关。此处"甚"当作"太过"讲，即人为得过头了。

9 奢：即奢侈。与老子一贯主张的俭、朴的观念相反。

10 泰：骄也。有自我放纵、自肆之意也。老子有"果而勿骄"之说。

第二十三章

导读

本章为王弼本第七十七章，借天道与人道的对比，讲政治上的公平与公道，并把自己的形上之道与形下的政治法则结合起来。全章可分为三个层次。第一个层次从开头到“天之道，损有余而补不足”止，着重阐述天道的公正性，为自己的政治批评提供一个形上的根据。第二层直接批评人道的不公正，就两句话：“人之道则不然，损不足以奉有余。”第三层，即此章后面五句话，老子不甘于人间不公正的现象，故又提出“有道者”的政治理想：损有余以奉天下，而且重申理想中的圣人的盛德：为而不恃，功成而不居功自傲。

天之道[1]，其犹张弓[2]与！高者抑之，下者举之；有余[3]者损之，不足者补之。天之道，损有余而补不足。[4]

人之道则不然，损不足以奉[5]有余。

孰能[6]有余以奉天下，唯有道者。是以圣人为而不恃，功成而不处，其不欲见贤[7]。

译文

天的法则啊，莫非就像人张弓射箭的姿势一样！手臂高了向下压一点，手臂低了向上抬一点；多余的部分减少一点，不够的部分增加一点。天的法则啊，就是减少多余的而补给不够的。

人类的法则却不是这样的，减损不足的奉送给多余的。

谁能够做到把有余的奉送给不足的，恐怕只有有道的人［能够这样］吧。所以圣人为万物做了好事而不自恃其功，一切大功告成而不居功自傲，他之所以这样做，主要是不想展示自己的盛德罢了。

注释

1 天之道：即天道。老子五千言是韵文，出于语言韵味的要求，加一“之”字使句子表现出一种舒缓的韵味。

2 张弓：即张弓射箭的姿势，身体要站得直，前后两臂要处于同一水平线上。以诗意的语言表达公道、公平之意。

3 有余：指前后臂过高或过低，以及其他多余的动作与心态，如过于紧张与过于松弛的心理状态，都不利于箭命中目标。后文“不足”亦用于描写射箭的动作没达到恰到好处的状态。此两句皆双关语，体现了老子哲学的诗意特征。这表明老子本人懂得箭道。礼制社会，像老子这样的士是能够射箭的。

4 此一句是喻指，即说天道是公道、公平的，不偏不倚。可与《尚书·洪范》篇所言“王道平平”的“王道”相参酌。

5 奉：承也，事也。即给予之义。

6 能：此处“能”为动词，意谓“敢于行”。

7 见贤：见，现也，展示也。贤，此处意为德之成、德之大也。

南宋 陈居中 平原射鹿图

第二十四章

导读

此章为王弼本第五十四章，主要阐述执政者在不同层次上的修身活动所具有的价值与意义。而且，老子还通过对不同层次修身的价值与意义的阐述，提出了他自己所特有的认识论模式，即以相类似的参照物来认识同一层次的事物与活动所具有的相类似的意义结构，即“以身观身，以家观家”等的认知模式。当代中国哲学家赵汀阳将此认知模式与自己的“无立场”的哲学原则结合起来，颇有启发意义。

此章可分三个层次来理解。第一层即本章的前三句，主要阐述善建者、善抱者的结果与标准。第二层从“修之于身”始，到“修之于天下，其德乃普”止，阐述不同层次的修身行为的价值与意义。第三层主要是通过对第二层的总结而提出一种具有普遍意义的哲学方法论，即通过“以身观身，以家观家”这种以类相观的方法而获得正确的认识。

另外，此章还可以参照《礼记·大学》篇来考察儒、道两家的修身理论。儒家提出了修身、齐家、治国、平天下的理论。杜维明认为，《大学》提出的修身理论并不是一个线性的递进，而是讲在不同的层次都有修身的要求。在“平天下”层面的修身的要求更高。这是杜先生创造性的解释。但《大学》的文本自身并没有直接地显示这些意思。从《大学》篇结尾部分“自天子以至于庶人，壹是皆以修身为本”的观点来看，《大学》篇主要强调了“修身”活动的普遍价值与意义。而老子则认为，修身可以针对普通人的一己之身，也可以针对王者的修身。作为普通之人，修身可保自己一身，而家、乡、国、天下不同层次的领导者的修身，则关乎这些不同层次的组织的兴衰、存亡。所以老子所要强调的是不同层次的人们，如何去从与自己相同层次的人的修身活动中理解修身的重要性，其思想内涵似乎更为丰富。

善建者不拔[1]，善抱者不脱[2]，子孙以祭祀不辍[3]。

修[4]之于身，其德乃真[5]；修之于家，其德乃余[6]；修之于乡，其德乃长(zhǎng)[7]；修之于国，其德乃丰[8]；修之于天下，其德乃普[9]。

故以身观[10]身，以家观家，以乡观乡，以国观国，以天下观天下。吾何以知天下然哉？以此。

译文

善于建立的人，其所建立者不易被外力移除；善于拥有者，其所拥有之物不易离开。他们的子孙凭借其先人之所建所抱而祭祀活动不会停止。

以道治身，其人之德真实不妄；以道治家，其人之德传之久长；以道治乡，其人之德足为乡长；以道治国，其人之德充满一国；以道治天下，其人之德广布天下。

通过个人来审视个人的命运，通过家庭来审视家庭的兴衰，通过一乡来审视一乡的治理，通过诸侯国来审视诸侯国的治理，通过天下的规模来审视天下的治理。我是怎么知道天下治理的道理的呢？就是通过这种以类相推的原则。

注释

1 拔：出本为拔，可训为移，拔除。

2 脱：离也。

3 辍：中断也，停止也。

4 修: 治也。在老子的思想体系中，即是指以道的原则来治理。后文的家、乡、国、天下均需要“修”，即是均需要按照道的原则治理。

5 真: 老子思想的重要概念之一。真与道的实有、法则与运动规则相联系，表明是真实无妄的，与虚幻、不真实相反，与后来儒家，如子思、孟子所讲的“诚”可以互训。现代汉语中“真诚”连用，亦可从中看出真、诚两个概念在意义上的相似与相近之处。

6 余: 久也。

7 长: 成为领导。即本书第六十九章“朴散则为器，圣人用之则为官长”之“长”。

8 丰: 盛也，满也。

9 普: 博也，广也，遍也。

10 观: 谛视曰观。“以身观身”等后面“以×观×”句中的“×”，即是用同等规模审视。

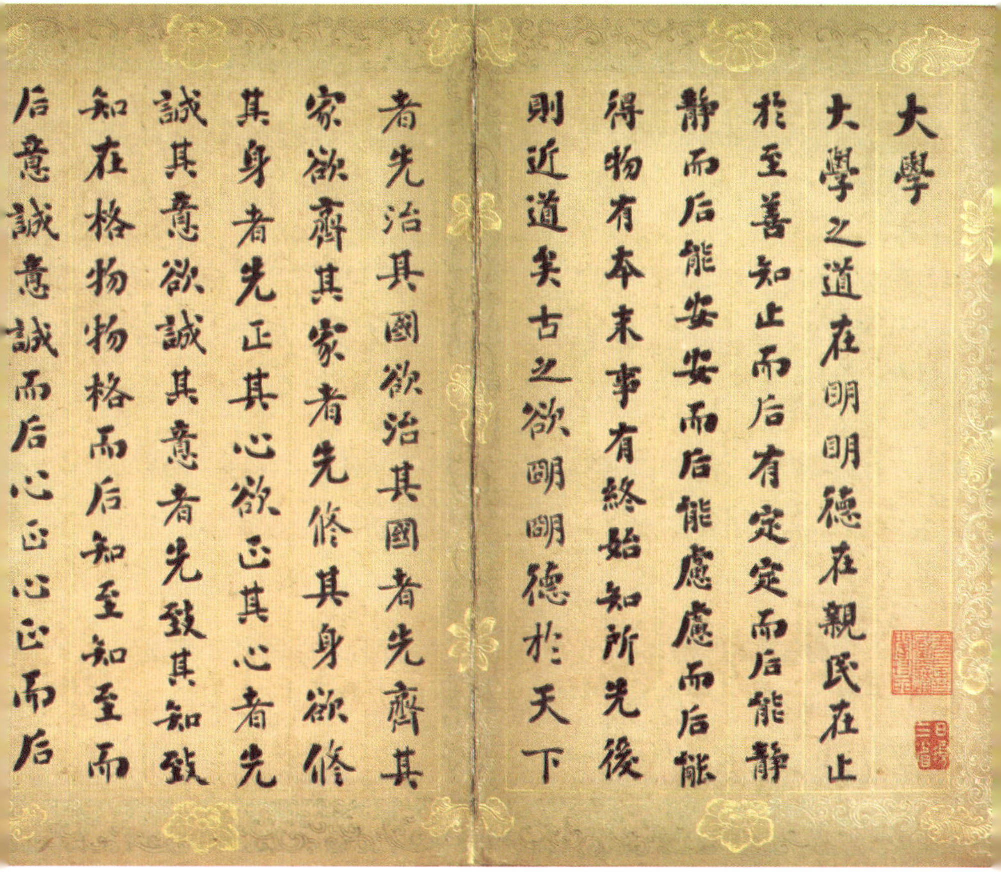

清　刘墉　楷书大学册（第一页）

第二十五章

导读

本章为王弼本第四十九章，主要阐述老子的政治主张与价值原则，将道法自然的总原则落实到政治治理的过程之中。全章可分为三个层次来理解。第一层即是开头两句话，阐述了总体的政治治理原则：圣人不用自己个人的想法来治理天下百姓，而是要按照百姓的想法来治理百姓。这一政治治理原则是道法自然的总原则的具体化运用，也体现了老子的民本思想。第二层进一步将此民本思想具体化，提出了“德善”与“德信”的两个更加具体的操作性原则。第三层则进一步阐述圣人之治的方法：让天下百姓不要有太精明的分别之心，要求人们回归到孩童的天真状态。此一方法与“化而欲作，吾将镇之以无名之朴”的意思相通。

老子在本章提出的政治治理原则的确很诱人，根据百姓的想法与要求来治理天下，颇有一点儿现代自由主义的气息，但实际上难以做到。每个百姓的具体想法是不一样的，这些千差万别的"百姓心"能否有一个最小的公约数是可疑的。即使有最小公约数，那圣人是以最小公约数的"百姓心"来治理天下，还是以千差万别的"百姓心"来治理天下，老子提供的文本似乎并不能告诉我们。不过，德善、德信的观念还是非常有启发意义的。对于任何一个社会中的罪犯，我们还是应该以基本的人道态度来对待他们，这是必须的，也是必要的。这就是"德善"观念的意义所在。"德信"观念亦如此，对于不诚信之人，我们还是应该以讲诚信的态度来对待他们，否则我们本身就破坏了诚信。这是老子"德信"观念的意义之所在。虽然我们不能让天下人都回到童真的状态，但可以要求大家过一种简朴的生活，减少地球资源的浪费，减少人与人之间的利益算计，让人性尽量回归到一种纯朴的状态。这是一种有价值的生活观念。

圣人无常心[1]，以百姓心为心。

善者，吾善之[2]；不善者，吾亦善之：德善[3]。信者，吾信之[4]；不信者，吾亦信之：德信。

圣人在天下歙歙（xī xī）[5]，为天下浑其心[6]，圣人皆孩之[7]。

译文

圣人没有属于他个人的固化的想法，常常将百姓的想法作为自己的想法。

善人，我用善的态度对待他；不善的人，我也用善的态度对待他：这就叫作德善。诚信的人，我用诚信的态度对待他；不诚信的人，我也用诚信的态度对待他：这就叫作德信。

圣人在治理天下时关闭各种智巧的通道，其目的是让天下之人的心灵保持一种浑然不分的状态，圣人想使他们都回归到孩童的状态。

注释

1 常心：恒常不变的想法，此处指固化的想法。

2 善之：以善的态度对待他。

3 德善：此德善即合道之善，是超越人世间善恶对立意义上的善。用现代伦理学的观点看，即是元善。但伦理学中的善，既涉及宗教教派，也涉及学派，不同教派与学派对于“元善”的规定并不相同。故老子的“德善”也只能是道家学派的元善，并不一定能被儒家、墨家或其他文化传统所认同。后文“德信”亦是这样，是指合乎道的诚信。

4 信之：以诚信的态度对待他。

5 歙歙：关闭的样子。

6 浑其心：浑，动词，消除区别，使之浑然一体。

7 孩之：孩，动词，使动用法，使他们都回到孩童状态。

宋　佚名　帝尧立像

第二十六章

导读

本章为王弼本第五十七章，提出了治国、用兵、取天下三种政治活动的不同原则，集中阐述了“以正治国”的原则，重申了“无为而治”的根本政治原则，并申述了“无为而治”可能达到的良好政治效果。

本章可从三个层次来理解。第一层即开头三句话，提出了三种政治活动的不同原则。第二层集中阐述“以正治国”的理由，从“吾何以知其然哉”起，到“盗贼多有”止。在这一层里，老子阐述的一些道理在今天仍然有效，如天下禁令太多，人民就会变得更加贫困；法令变得越苛细越明晰，盗贼就会越来越多。这一点非常合乎现代社会学中的“标签理论”。如果一个社会把一些并不严重的越轨行为都明确地规定为是某种犯罪，其结果是：社会中犯罪的人真的就变得多起来。第三层重申“无为而治”的根本政治原则，并坚信由无为而治的根本原则出发，一定会产生良好的政治效果。

以正[1]治国，以奇[2]用兵，以无事[3]取天下。

吾何以知其然哉？以此。天下多忌讳[4]，而民弥贫；民多利器[5]，国家滋昏[6]；人多伎巧[7]，奇物滋起；法令滋彰[8]，盗贼多有。

故圣人云，我无为而民自化，我好静[9]而民自正[10]，我无事而民自富，我无欲而民自朴。

译文

以合乎道的方式治理诸侯国家，以奇诡的方式来用兵打仗，以无为的方式获得天下的实际支配权力。

我是如何知道这三种原则的呢？就是凭借下列的事例而推知的。天下有太多的禁令，而人民就会变得更加贫困；人民手上有太多的巧便器物，诸侯国家的秩序就会变得更加混乱；普通人手中掌握着太多的奇技淫巧，各种稀奇古怪的东西就会日益增多；法令条文越来越多越来越苛细，被视为强盗与小偷的人也就会越来越多。

所以圣人说，我不妄为而人民自动地归化于道序，我喜好清静之道而人民自动地归于正道，我不徒增干扰而人民自动地变得富有，我没有过分的欲望而人民自然而然地变得纯朴。

注释

1 正：合道的常规方法与原则。与“奇”相反。

2 奇：诡诈。

3 无事：即无为。

4 忌讳：即由政府颁布的各种禁止性的法令。

5 利器：各种精巧之器物，大者指战争用的先进武器，小者指日常生活中的各种省力、让人方便行事的器物。

6 昏：乱也，政治秩序与社会秩序不清明。

7 伎巧：今作“技巧”，即精巧的技术。

8 彰：苛细而明晰。

9 好静：即好道。静，即道的另一种表达。民以何者为正？以何为标准而自正？必以道也。

10 自正：自发地回归到道的秩序上来。

明　仇英　二十四孝册・大舜孝感动天

第二十七章

导读

本章为王弼本第五十八章，主要从辩证思维的角度告诫执政者：如果执政者过于精明，人民也一定变得狡猾难以对付；如果执政者依道而行，人民也会变得纯朴。祸与福看起来相反，实际上是互为其根，所以执政者要深刻地理解“反者，道之动”的哲学原理，对于自己的政治行为保持高度谨慎的态度。本章可分作两层来理解。第一层从开头到“其日固久”止，主要阐述政治活动中相伴生的现象与祸福相倚相伏的辩证法思想，可以说是对“反者，道之动”的哲学原理的进一步说明。第二层即是结尾的四句话，以理想中的圣人形象寄托了老子对理想的政治人格的向往。

其政闷闷[1]，其民淳淳[2]；其政察察[3]，其民缺缺[4]。祸兮福之所倚[5]，福兮祸之所伏[6]。孰知其极[7]？其无正[8]。正复为奇，善[9]复为妖。人之迷，其日固久。

是以圣人方而不割[10]，廉而不刿(guì)[11]，直而不肆[12]，光而不耀[13]。

译文

如果一个诸侯国的政令混然不明，其治下的人民就变得淳厚质朴；如果一个诸侯国的政令苛细明晰，其治下的人民就会变得狡猾精明。灾祸啊其中有幸福在它旁边紧挨着，幸福啊其中有灾祸在它旁边隐藏着。谁能确切地知道祸福之间相互转换的边界呢？这两者之间没有合乎道的法则。正道经过变化而又成为奇诡的方法，好的东西经过变化而又成为妖祥。人们昧于这些道理，已经是很久很久了。

所以圣人不是这样的，他们品行方正而没有锋利的圭角，清廉而不伤人，正直而不放纵，有道德之光而不明亮耀眼。

唐 阎立本 历代帝王图·光武帝刘秀

注释

1 闷闷：混然不明的样子。

2 淳淳：淳厚质朴的样子。

3 察察：十分苛细的样子。

4 缺缺：高亨认为通“狯狯”。狡猾之意也。

5 倚：因循。

6 伏：藏匿。

7 极：此处作止、穷尽解。

8 正：合乎道的法则。

9 善：此处指好的东西。与今日伦理学中讲的道德之善不同。

10 方而不割：方，可指物之方正而有圭角者。此处喻指圣人品行方正。割，圭角锋利而伤人也。

11 廉而不刿：廉，清廉、廉洁。刿，伤也。为政清廉而不伤人，即不以清廉为标榜，自苦而苦人。

12 直而不肆：直，正直也。肆，恣纵放言而无忌，如大庭广众之下揭人隐私、揭人之短等，皆可视为直而肆。

13 耀：明也。

第二十八章

导读

本章为王弼本第五十九章，主要阐述“治人事天”的根本原则——啬。老子的“三宝”之一是“俭”，啬与俭意思相通。啬的本义为农夫收敛粮食，引申为爱惜，又引申为节省。其贬义为吝啬。作为诸侯王，俭，故能广。只有爱惜民力，同时也爱惜自己的身体，珍惜自己的精力，才能合乎道的要求。老子又讲“爱以身为天下，若可托天下”。故啬与俭，是诸侯王管理人民与遵循天道的根本法则之一。能坚守此根本法则，就可以说把握了治国之道，就可以让诸侯王的国运长久。

本章在论述方式上采取了一种明快的递进方式，在修辞学上可以说采用了顶针的手法，进而鲜明地表达了“重积德”行为所带来的良好效果，其实已经蕴涵了战国时代门客游说的手法。“重积德则无不克”是“道常无为而无不为”的一种变相的说法，而“无不克则莫知其极”一句还带有一些神秘主义色彩，意谓只要你能遵守“啬”的原则，那最后所能达到的功效是凡人无法预测的。这一说法对于有些好大喜功的人来说，还真有一定的吸引力呢！

治人事天莫若啬[1]。夫唯啬，是谓早服[2]。早服谓之重积德[3]，重积德则无不克[4]，无不克则莫知其极[5]，莫知其极，可以有国[6]。有国之母[7]，可以长久。是谓深根固柢（dǐ）[8]，长生久视之道[9]。

译文

治理人民与侍奉天道没有什么比遵循啬的原则［更重要］。正是这个啬的原则，能称得上是尽早地得道。尽早地得道又称之为重视积德，重视积德就能够无所不能，无所不能就没有谁知道他的限量，没有谁知道他的限量，就可以把握治国的根本了。拥有了治国的根本之道，就可让国运长久。这一切就叫作深入扎根稳固根本，是“长生久视”的根本法则。

注释

1 莫若啬：莫若，不如，没有什么比得上。比较之词。啬，爱惜也，吝啬也。此处不是贬义。引申义为节省。

2 早服：服，得也，得于道。早服，早得道。

3 积德：老子重视德的渐进获得过程，如老子说“含德之厚，比于赤子”，即是讲积德的结果，也体现了积德的过程。

4 克：能也。

5 极：边界，极限。

6 有国：把握诸侯国家之根基。

7 母：道也。

8 深根固柢：深根，让根扎得很深。固柢，巩固根本。

9 长生久视之道：本义为让国运长久的根本法则。后来道教养生家多从养生的角度来解释此句，将其看作是追求长生不死的法则。这可以说是对老子思想的误读，也可以说是一种发展。

第二十九章

导读

本章为王弼本第六十章，以生动的烹调事例为喻讲治理诸侯大国的原理，要求诸侯王不要朝令夕改，要依道而行。此章是从当时世俗的角度立论的。有些诸侯王以为，国家治理不好，是有鬼在捣乱。老子则告诉诸侯王，如果按照道的要求来治理诸侯国，即使有鬼在捣乱，也不可能产生作用。由于有了道的作用，鬼即使还在活动，也不会伤害到人。不是鬼本身变好了，不伤害人，而是因为圣人从根本上不伤害人，所以鬼也不可能伤害人了。以道莅天下，则有圣人辅佐也，道能让鬼不可能发挥作用去伤害人，圣人从本性与本心上就不会去伤害人，两种正面的力量合为一处，诸侯国则将大治。

在老子所处的春秋末年，还不可能直接地提出无鬼、非鬼的思想。但在尊道的哲学思想前提下，让鬼不能发挥害人的作用，已经是思想的进步了。晚于老子约一百年的墨子还提倡“明鬼”，希望借助这无形而神秘的力量来劝诱诸侯王与普通人做好事。汉代哲学家王充的无鬼论，也不是否定鬼的存在，而只是说鬼作为阴气，实际上不可能发挥作用。王充与老子相隔约六百余年，非鬼的思想也只停留在这个水平上。可见，哲学理性的进步其实是十分艰难的。

治大国若烹小鲜[1]。以道莅[2]天下，其鬼不神[3]；非其鬼不神，其神不伤人；非其神不伤人，圣人亦不伤人。夫两不相伤，故德交归焉[4]。

译文

治理一个大的诸侯国就像烹饪小鱼一样［，不要随意地翻动］。让道君临天下，即使有鬼也不能发挥其神妙的功能；不是鬼不能发挥其神妙的功能，而是即使它发挥了神妙的功能也不能伤害人；也不是它的神妙功能不能伤害人，而是因为圣人从根本上就不想伤害人［，故不让鬼的神妙去伤害人］。这样两种不伤害人的结果加在一起，就使得政治的美德交归于这个诸侯国了。

注释

1 小鲜: 小鱼。

2 莅: 临也。即俯视、君临的意思。

3 其鬼不神: 鬼, 古人认为, 人死归土后仍然以另一种方式存在, 并活动着, 称之为鬼。在气论的传统下, 多将鬼视为一种阴气。神, 此处作动词, 产生神妙的功能。

4 德交归焉: 其美好的德行合并到一个合乎治道的诸侯国里。焉, 处所代词, 代指合乎治道的诸侯国。

南宋 佚名 群鱼戏藻图

第三十章

导读

本章为王弼本第六十一章，主要阐述春秋时代各诸侯国的相处之道，尤其是针对大的诸侯国而言，给他们提出了以谦下的态度对待其他小诸侯国的外交之道。这是老子贵柔、示弱的基本哲学思想在诸侯国外交层面的体现。老子提出的这一诸侯国的外交之道，在实际的政治实践中不一定有效，但作为一种外交的政治理论而言，的确包含着一些可取的思想因素。老子在诸侯国的外交层面所讲的谦下，实际内容即是以德化人，以德感人，大诸侯国不凭借军事、武力来征服小诸侯国，小诸侯国不贪求眼前利益，以欺诈的方式与其他诸侯国相处。老子特别强调了大诸侯国以谦下的态度对待小诸侯国的重要性，要求他们不要以大欺小，体现了老子对弱国的关心。然而，无论是春秋五霸，还是战国七雄，都没有接受老子提出的“谦下”的外交政策，而是在战争中一个个走向灭亡，即使是兼并了天下的秦国也很快二世而亡。今天的国际社会颇类似当年中国的战国时代，老子的这一诸侯国的外交思想能被今天的各国领导人接受吗?

大国者下流[1]，天下之交[2]，天下之牝。牝常以静[3]胜牡，以静为下[4]。故大国以下小国，则取小国[5]；小国以下大国，则取大国[6]。故或下以取，或下而取。大国不过欲兼畜[7]人，小国不过欲入事[8]人。夫两者各得其所欲，大者宜为下[9]。

译文

大的诸侯国好比是江河的下游，是天下其他小诸侯国汇聚的地方，类似于天下的牝类动物。牝类动物常常以相对安静的性情而战胜牡类动物，它们以自己的安静而自处下位。因此大的诸侯国凭借此道而谦下地对待小国，就能够不用劳师而取得小国的归附；小国凭借此道而甘愿居于大国之下，就能够被大国接纳。因此有的诸侯国因为谦下而获得其他诸侯国的归附，有的诸侯国因为谦下而被其他诸侯国接纳。大国的基本动机就是想兼并其他小国，小国的基本动机就是被大国接纳而侍奉大国。如果要让这两者都能得到其想要的东西，就大国而言最恰当的方式是谦下。

注释

1 下流：江、河的下游。

2 交：汇聚。

3 静：安静，相对雄性动物喜欢奔跑而言。

4 下：处于下位。此为隐喻的说法，喻谦下之意。

5 取小国：不用兵而获得一国的归附。

6 取大国：此处“取”字当作被动用法，意谓“取于大国”，即无须进贡而被大国接受，并予以庇护。

7 兼畜：即兼而有之，使之成为盟友。畜，通“蓄”，聚也。

8 事：侍奉。

9 下：谦下。

明 戴进 渭滨垂钓图（局部）

第三十一章

导读

本章为王弼本第六十五章，主要以托古的口吻阐述治理诸侯国的基本原则是“不以智治国”。而这一原则其实是要求诸侯国以道治国，不以王者或人的聪明、巧智来治国。此章中所提倡的“愚民”方法，并非现代汉语意义上的愚民政策，而是要求让人民回归到道德上的纯朴状态。老子反对尚贤，反对人们过分地开发人的各种欲望与智巧，即是他“为腹不为目”的政治主张的更为抽象化的、一般原则性的表达。

古之善为道[1]者，非以明民[2]，将以愚之[3]。民之难治，以其智[4]多。故以智治国，国之贼[5]；不以智治国，国之福。知此两者，亦稽式[6]。常知稽式，是谓玄德。玄德深[7]矣，远[8]矣，与物反矣[9]，然后乃至大顺[10]。

译文

古时候善于践行道的人，不是让人民变得聪明智巧，而是要让人民回归到纯朴的状态。人民之所以难以治理，是因为他们的智巧太多。所以用开发智巧的方式来治理诸侯国，是诸侯国的最大伤害；不用开发智巧的方式治理国家，是诸侯国的福气。能够知道这两者的区别，也就是［树立了］一种共同的典范。能够一贯地保持对这种典范的领悟的人，就可称之为具备了玄德。玄德深邃啊，遥远难测啊，与寻常事物的表象相反，进入玄德境界之后就可以达到大道了。

注释

1 为道：按照道的要求做人做事。

2 明民：使人民变得聪明、智巧。

3 愚之：使人民变得戆直、质朴。愚，戆也。此处作动词，使之戆直。之，代词，代指上文所说的民众。

4 智：智巧，与质朴、守道相反。

5 贼：残害。

6 稽式：楷模、法则。稽，法式，准则。

7 深：深邃。

8 远：玄德与道相通，故有遥远而不可测之意。

9 与物反矣：物，万物。反，相反。此句意谓，玄德具有深奥、遥远不可测的特征，与平常万物的表象相反。

10 大顺：大顺于道也。

五代十国 贯休 古代帝皇图

第三十二章

导读

此章原为王弼本第六十六章，主要阐述如何成为天下之王的政治之道，亦可说是老子的王道政治的基本理想。本章可分三个层次。第一个层次是前三句，为设喻之词，形象地阐述了江海成为百川之王的道理。第二层次为中间四句话，根据上文的喻词，进一步阐述王者之道的具体内涵。第三层又进一步以理想中的圣人为榜样，揭示“不争”与王道的内在关系。

老子提倡以“不争”的方式实现“天下莫能与之争”的理想效果，与他在道的层面揭示的“无为而无不为”的道理，在精神实质上是一致的。圣王的“不争”即是道的“无为”。“天下莫能与之争”，即道的“无不为”。可以说，老子试图以负的方法来实现正的方法所要达到的效果。

江海所以能为百谷[1]王者，以其善下[2]之，故能为百谷王。是以欲上民[3]，必以言下之[4]；欲先民[5]，必以身后之[6]。是以圣人处上而民不重[7]，处前而民不害[8]，是以天下乐推[9]而不厌[10]。以其不争[11]，故天下莫能与之争。

译文

江海之所以能够成为百川的领袖，是因为它们善于处在百川的下位，所以能够成为百川的领袖。因此要想真正地领导百姓，就必须以谦下的态度来对待他们；想站在人民的前面引导他们，必须要把自身的利益放在人民的后面。正因为是这样，圣人居于人民之上而人民没有沉重的压力，处于人民的前面而人民不受伤害。因此人民乐于拥戴他而没有厌弃之意。因为他不与民争夺利益，所以天下没有谁能与他竞争［领导权］。

注释

1 谷：泉出通川为谷，即小的河流。

2 善下：善于居下，即善于谦下待人。

3 上民：居于民之上，即成为人民的领导。

4 下之：下于民。下，以谦下的态度对待。之，代指人民。

明 仇英 帝王道统万年图册·舜

5 先民：处于民之前，即领导人民的另一种说法。

6 以身后之：把自己的利益放在人民的利益之后。

7 重：有沉重的感觉。

8 不害：不受到伤害。

9 乐推：乐于拥戴。

10 不厌：不厌弃。

11 不争：不与民竞利。

第三十三章

导读

本章为王弼本第三章，这一章老子从负的与正的两个方面阐述无为、尚俭、尚朴的政治治理方法，可从两个层次来理解。第一层即从负的方法入手，三个“不”的方法排列在一起，强化无为的政治治理方法。第二层则是以理想中的圣人为标准，将其“三宝”的政治原则具体化，虚心实腹，弱志强骨，其实是其尚俭政治原则的具体化表达，而使民无知无欲则是其尚朴的政治理想。结尾的“为无为”一语颇具哲学的吊诡。老子一再讲“无为”，此处讲“为”而又以“无为”作为“为”的内容，恰恰表明老子的“无为”是一种有意识地克制自己不作为，不是简单的袖手旁观，正如现实生活中带孩子，为了让孩子学会走路，在一个相对安全的地方，让孩子自己走路，孩子摔倒了，也不去扶，让他自己爬起来。这时候大人的不作为，正是一种“为无为”。

不尚贤[1]，使民不争[2]；不贵[3]难得之货，使民不为盗；不见(xiàn)[4]可欲，使民心不乱。

是以圣人之治，虚其心[5]，实其腹；弱其志[6]，强其骨。常使民无知无欲，使夫智者[7]不敢为也。为无为，则无不治。

译文

不推崇贤能之人，让人民之间不产生争夺利益现象；不故意抬高难得之物的价值，让人民不去做偷盗之事；不到处展示人们想得到的东西，让人民的心思不变得混乱。

所以真正的圣人治理天下的方法是，让人民的心思变得虚淡，让人民的肚子吃得饱而已；让人民的心志变得弱化，让人民的筋骨变得强壮而已。常常让人保持在一种没有多少智巧、没有多少欲望的状态，从而让那些智巧之辈不敢胡乱作为。努力地保持一种无为的状态，然后就会达到无所不治的效果。

注释

1 不尚贤：不推崇贤能之人，是老子反对以智治国的具体主张之一。

明 仇英 帝王道统万年图册·宋太祖

2 不争：不相互争抢利益。

3 不贵：贵，意动用法，以某某为贵。不故意抬高某物的价值。

4 不见：见，不展示，不呈现。人心脆弱，经不起诱惑，统治者若到处展示可欲之物，刺激人们的欲望，则人们会迷失其淳朴的本性。

5 虚其心：虚，使动用法，让人心变得空灵、淡泊，不要充满各种欲望。

6 弱其志：弱，使动用法，让人追求某物的意志弱化，不执着。心、志与名、利有关，而腹、骨与俭、朴有关。

7 智者：智巧之人。

第三十四章

导读

此章为王弼本第十九章，比较系统地体现了老子反对周代礼乐文明制度的思想。老子试图通过对周代礼乐文明制度中的圣智、仁义、巧利的否定，从而让人们回到一种理想的和谐状态。老子以自己的素朴社会理想来取代周代的礼乐文明，从人类历史发展的实际进程来看是难以做到的，但其中所包含的合理化的要求是可以理解的。人类在实际的发展过程中，每一次巨大的物质文明的进步，都包含着某种道德纯朴性的后退。这似乎是历史进步的辩证法则。素朴的道德与生活状态是可欲的，但弃绝了礼乐文明教化传统之后是否可以真的达到无忧的状态，这是可疑的。古代部落战争中，不同的部落在征服对方之后，一定要拿着对手的头颅当作酒器，这也未必是人类的理想状态。老子批评礼乐文明教化传统的不足，有可取之处，然而他开出的救治药方则未必正确。

值得注意的是，此章中提到“孝”“慈”这两种价值。现存的上古文献表明，商、周二代都重视“孝”“慈”，但经过孔子与后来儒家的思想选择，“孝”的地位在社会道德体系中急剧上升，以至于汉代将春秋至战国时期流行的提倡“孝”的作品上升至经的地位，出现了《孝经》，这是儒家以述代作的思想再创作的结果。仅就重视“孝”的道德价值而言，老子与孔子之间，道家与儒家之间，似乎有着共同的文化基础，我们亦可在此根本价值的层面说老、孔共宗，道、儒同源，然而他们提出的实现这两种根本价值的方法是相反的。

绝圣弃智[1]，民利[2]百倍；绝仁弃义[3]，民复[4]孝慈；绝巧弃利[5]，盗贼无有。

此三者[6]，以为文[7]不足。故令有所属：见(xiàn)[8]素抱朴，少私寡欲。

译文

弃绝圣人抛弃智巧，民众将会获得百倍的好处；弃绝仁抛弃义，民众将会回到孝慈的状态；弃绝巧诈抛弃便利，强盗与小偷将绝迹。

这三句话意思是说文教制度有其不足之处。所以让整个社会有所归属：回到展示素拥抱朴的时代，让人很少思虑很少欲望［，则弃绝文教的知识系统就没有什么忧患了］。

注释

1 绝圣弃智：此句中的“圣”是周代文化传统中的“圣”，不是老子自己理想中的圣人。智，是指一种不合乎道的智巧，非老子追求的智慧。

2 民利：普通百姓的利益。

3 绝仁弃义：此句中仁、义，指周代文化系统中的两种道德价值，后来孔子、孟子特别重视这两种价值，而老子、庄子更重视道、德。相对于道、德而言，仁、义是次要的价值。老子要求人们回到道、德的根本价值上来，不要迷恋次一级的仁、义。这亦是要求人们“取法乎上”的意思。

4 复：回到。

5 绝巧弃利：巧，指当时社会中的奸诈。利，指当时社会中的轻便之物，与上文“民利”之“利”不同。

6 此三者：总括上文所否定的三大类，即圣智、仁义、巧利。

7 文：相对于“质”而言，即统称周代过于细化的礼乐文明制度。

8 见：同“现”，展示之意。

明　仇英　帝王道统万年图册·夏启

第三十五章

导读

此章为王弼本第七十二章，主要是警告在上位的执政者不要过分地蔑视普通百姓的基本生活需求。如果在上位的执政者让人民不再对任何权威保持敬畏之心的时候，则最大的威胁——人民造反、革命的威胁就要到来了。老子警告统治者，不要让人民在自己的日常生活中产生一种无能为力、无意义感，否则，人民对自己的日常生活就会产生厌倦，那是很危险的。老子以理想中的圣人作为榜样，要求统治者有自知之明，不要有太多展示自己权力的欲望。要自己爱惜自己的生命，但不要把自己看得高贵如神人。在老子眼里，高贵与低贱是相对的，而高贵者恰恰是要依靠低贱者而生活。这一点是老子思想中极其可贵的因素，与儒家的爱民思想相似，是中国古代民本思想的有机组成部分。

民不畏威[1]，则大威[2]至。无狎[3]其所居[4]，无厌[5]其所生。夫唯不厌，是以不厌。[6]

是以圣人自知，不自见；自爱，不自贵。故去彼取此。

译文

如果民众不再对某些畏惧保持敬畏了，那么一种绝对不可抗拒的大畏惧就要降临了。不要轻视百姓的日常生活，不要让百姓厌倦他们的日常生活。只有不让百姓对他们的日常生活产生厌倦，百姓才不会对自己的日常生活产生厌倦。

所以圣人常常有自知之明而不去表现自己的统治权威；爱惜自己的生命但不抬高自己生命的价值。因此要抛弃自见与自贵而选择自知与自爱。

注释

1 威：通“畏”，畏惧也。

2 大威：即一种不可用语言来描述的畏惧，亦可称之为道威、天威。暗指一种不可抗拒的惩罚。

3 狎：轻视。

4 所居：日常生活。居，平常生活状态曰居。

明 仇英 帝王道统万年图册·汉高祖

5 厌：使动用法，使某某厌倦。厌之本义为满足，引申为厌倦。

6 夫唯……是以……：这是老子常用的一种特别的句法，表达一种唯一选择的意思，类似现代汉语“只有……才……”的句式。“夫唯不厌，是以不厌”是省略句，其完整的表达应当是“夫唯不厌其所生，是以不厌其所生”。

第三十六章

导读

此章为王弼本第七十四章。在此章中，老子警告统治者不要用杀人的残酷手段来威胁百姓。老子认为，一旦百姓不再惧怕死亡，杀人的手段又有什么用呢？这里，老子与孔子一样，实际上都提倡仁道的政治，反对暴政。在这一点上，老、孔同怀，并无不同。只是老子在哲学思想上有更加明确的系统，他认为有一个高高在上的道支配着人世间的万事万物，百姓的生命有天道在掌管着，他们自然而然地会走向死亡，何必要杀他们呢？如果一些暴虐的执政者要代替大自然的工作去充当刽子手，那他们的结局很少是不悲惨的。

民不畏死，奈何[1]以死惧之！若使民常畏死，而为奇者[2]，吾得执而杀之，孰敢[3]？

常有司杀者[4]杀，夫代司杀者杀，是谓代大匠[5]斫[6]。夫代大匠斫者，希有[7]不伤其手矣。

译文

人民如果已经不再畏惧死亡了，又怎么能再用死亡去威胁人民呢？假如让人民总是畏惧死亡，其中那些做出格之事的人，我能够将他们抓到然后杀掉，还有谁再敢做出格之事呢？

天地之间恒常有主宰杀人的一种力量在杀人，代替这个主宰杀人的力量去杀人，这就叫作代替大匠去砍东西。而代替大匠去砍东西的人，很少有不伤着自己手的。

注释

1 奈何：如何能够。

2 为奇者：即指那些出格的、犯上作乱者。

3 孰敢：省略句，完整的句式应当是“孰敢为奇”。

4 司杀者：即指天道。老子的思想体系中已经没有上古神话系统中的司命神。此处所说的司杀者不可作司命神来理解。

5 大匠：喻指大自然这一司杀者，但不是神话中的司命之神。大匠，实即道匠，是天道运行的一种形象说法。老子讲：“天地不

清 郎世宁 阿玉锡持矛荡寇图

仁，以万物为刍狗。”此实是大匠司杀的另一种说法。

6 斫：砍也。

7 希有：很少有。老子不说绝对没有，只是说很少有。这一点体现了老子说话的审慎。经验世界里可能有偶然情况，人没有看见，故不能断然地说没有。但老子说“天网恢恢，疏而不漏”，这又表达了老子对天道的绝对相信。

第三十七章

导读

此章为王弼本第七十五章，是老子民本思想的有机组成部分，主要从关注民生的角度来立论，批评统治者过于关注自己的养生而忽视了对百姓基本生存的关注，提出了"唯无以生为者，是贤于贵生"的引导性、劝诫性的主张。这一主张在现实效果上可能是极其微弱的，但作为古典形态的民本思想，其关注民生的思想倾向，在今天看来仍然有积极意义。

民之饥，以其上食税[1]之多，是以饥。民之难治，以其上之有为，是以难治。民之轻死，以其求生[2]之厚[3]，是以轻死。夫唯无以生为者，是贤于贵生。

译文

人民的饥荒，是因为在上的执政者收纳的税过多，所以出现了饥荒。人民表现为难以治理，是因为在上的执政者过于有所作为，所以出现了难以治理的现象。人民表现出轻生的倾向，是因为在上的执政者太过于贪生，所以人民表现出轻生的现象。执政者不过分地重视自己的生命，比太看重自己的生命更为贤德。

注释

1 食税：即凭借税收而生。

2 求生：贪生也。《诗·邶风·雄雉》：“不忮不求。”皇侃疏：“求，贪也。”

3 厚：多也。

明 吴伟 流民图（局部）

第三十八章

导读

本章为王弼本第七十九章，主要是告诫统治者不要轻意地去杀人，不要向百姓征收太重的赋税，并以天道为根据，告诫统治者要做善人。如果执政者能够成为善人，天道尽管没有意志，但也会自然地帮助他。

和大怨[1]，必有余怨，安可以为善？是以圣人执左契[2]，而不责[3]于人。有德司契，无德司彻[4]。天道无亲，常与善人[5]。

译文

想调和道怨，一定会残留余怨的，怎么可能实现善治呢？[正因为道怨是不可能人为地加以调和的，]所以圣人手中虽然拿着债券的右半部，但不向债务人索取债务。有德的执政者仅仅掌握着债券，无德的执政者常常主管着税收权［，并以此向人民索税］。天道其实并不特别地亲近谁，但自然而然地会帮助那些行善之人。

注释

1 大怨：河上公注云：杀人、刑人，是谓大怨。大怨已生，以德和之，必不能。实际上，大怨，道怨也。“天地不仁，以万物为刍狗。”故“大怨”不必和，也无法和，只能顺应自然。故在上位者不代大匠杀人，不多食税以令民贫。虽手执右契，即今日之债券，而不向债务人索债。

2 左契：依据高明的考辨，并有帛书甲本之证，当为右契。今从高明的论断。古代债权人与债务人将所借之债的具体数目书于一块木板上，此木板从正中间分开，债权人与债务人各执一半；将两半合于一体，即可见债务之实。按古代契法，债权人执右契，债务人执左契。契，券契也。

3 责：求也，索也。

4 彻：周代税收的形式，十份收成拿出一份交税，即什一而税谓之彻。

5 常与善人：与，肯定、帮助。此句话并不是说天道是有意志的

明 吴伟 流民图（局部）

神。在老子看来，依道而行，一切归于良序化，故对于善人，即合于道的人，天道自然而然地会帮助他。老子对于强梁者、勇于敢者，即那些违背道的人是不欣赏的，认为他们都会早早地灭亡。不过，老子要求最高的统治者要有极强的包容意识，对于善者与不善者，都要关怀。此条所讲，立论似在鼓励在位者依道而行，自然有好的回报，即其他章所说的：万物将自宾、自化。

第三十九章

导读

本章为王弼本第二十六章，可从三个层次来看。第一层主要讲两种政治的原则：一是厚重，一是安静。厚重为政治的根基，安静是行政的主导性原则。政治之“重”的实质是道德的朴素、厚重，是决策的慎重。政治之“静”即是合乎道的行为：“归根曰静，是谓复命，复命曰常。”故“静为躁君”，即是讲以合乎道的行为作为人为、主观、急躁、冒进诸行为之主宰，非一般意义上的安静与不作为。以合乎道的方式从事政治治理，一切将会秩序井然，故不会有大声喧哗，亦有安静之表象，然非死寂般的安静。第二层讲在位的君主如何保持超然的心态面对政治权力与势位，并批评现实的君主们轻重颠倒的做法。第三层重申开篇提到的两条行政原则，并指出违背这两条原则的巨大危害性。

重为轻根[1]，静为躁君[2]，是以圣人终日行不离辎重[3]。虽有荣观[4]，燕处超然[5]。奈何万乘之主，而以身轻天下[6]？轻则失本，躁则失君。[7]

译文

重是轻的根基，静是躁的主宰，所以圣人每天都带着辎重行走于人间。即使有令人羡慕的华丽的生活表象，他也能视为平常而超然物外。然而当今拥有万乘的大国君主，却把拥有天下的荣观看作比人的生命更重要，这如何是好？以轻浮的方式处世会丧失厚重的根基的，以急躁的方式治世会丧失政治的主导原则的。

注释

1 重为轻根：重，厚重与慎重。从气的角度讲，重多为阴气，下沉。而轻则为阳气，上扬。老子讲“万物负阴而抱阳，冲气以为和”，实际上亦是“重为轻根”的另一种说法，即阳以阴为根基。《黄帝内经》论五脏之阴阳，实皆取法于老子。从方法的角度讲，“治大国若烹小鲜”，统治者不能朝令夕改，故有慎重之意。孔子从道德修养的角度讲：“君子不重则不威，学则不固。”可见孔子、老子之间，在一些具体的价值追求上有相通处。

2 静为躁君：静，合乎道之有序化的状态，可称之为道之静，简称为道静。躁，人为的喧哗，看起来很热闹的样子。君，主宰也。

3 是以圣人终日行不离辎重：此句话为譬喻之辞，非实指也。圣人，即得道之人也。得道之圣人整天拖着一车辎重行走于人世，不可能快捷，以此喻指得道之君以民生为重，每天慎重地处理日常事务。

4 荣观：非常好看的外表。观，外表也。

5 燕处超然：燕，通“晏”，日常生活的安闲貌。超然，即超脱于现实的华丽外表的诱惑。君主者，位高权重，妻妾成群，号令天下，此是政治权位之华丽外表也。政治的实质是安民生、得民心、申民志而后长治久安。故高明的政治家能超越权势的华丽外表，既重视自己的生命，又推己及人而重视万民之生命。

6 以身轻天下：把自己的生命看得比天下权势与权位更不值钱。可与本书第二十一章相参阅。

7 轻则失本，躁则失君：轻，以轻浮的态度处世。本，根基也。躁，以急躁的态度治世。君，主旨。

清 佚名 康熙帝读书像

第四十章

导读

本章为王弼本第三十章，主要表达了老子的反战思想，表明老子的道论在社会政治生活中的运用将是一种和平主义的政治理念。全章可从三个层次来加以理解。第一层表达的是一种正面的政治主张："以道佐人主者，不以兵强天下。"而且还进一步阐述了"不以兵强天下"的理由。因为，任何大战之后都有非常恶劣的后果，国土荒芜，年成严重歉收。第二层表达的是一种适可而止的政治方法论："善有果而已，不敢以取强。"这可与儒家"中庸"的观念相互发明，而且更进一步，对于事情的结局，特别是作为取胜的一方，要保持一种低调，不要在胜利之后还大张旗鼓地宣传自己的胜利，一则刺激失败的一方，一则助长自己的骄傲心态。第三层回归到道论层，要求让事物保持在一种适可而止的、富有生机的状态，以避免过早地走向死亡。"物壮则老"的说法非常值得玩味，老子认识到并承认事物是会变老的，最终会走向死亡的结局。但这是一个自然的过程，我们不能人为地加速死亡的过程，而恰恰要通过“辅万物之自然”的正确方式延缓事物走向死亡的速度。物以合乎道的方式走向终点，这是可以接受的。如果因为人的错误行为而提前走向终点，这是可悲的。这便是先秦道家关于生命和事物发展结局的智慧性的认识。由此，我们似乎也可以进一步地理解老子“为无为”思想的幽深意味。

以道佐[1]人主者，不以兵强天下[2]，其事好还[3]。师[4]之所处，荆棘生焉。大军之后，必有凶年。善有果[5]而已，不敢以取强[6]。果而勿矜，果而勿伐，果而勿骄，果而不得已，果而勿强[7]。物壮则老[8]，是谓不道，不道早已[9]。

译文

用道来辅佐人君治国的人，不劝诱君主用武力的方式强迫天下服从，［动用武力］这种事情很容易生产坏的报应。两支军队对垒的地方，良田与村庄就会变成荆棘丛生的荒芜之地。主力军队作战之后，国家就会出现年成严重歉收的恶果。［人们做事］善于获得成功就可以了，不敢用强力的方式获得成功。成功之后不要自我矜持，成功之后不要自我夸耀，成功之后不要骄傲。成功是［人类做事］需要达到的一种不得已的自然结局，成功后不要再一味地逞强［以遭人忌恨］。任何事物人为地加速推进到鼎盛状态必然会迅速地走向衰亡，这种做法叫作不合乎道。一切不合乎道的事物都会迅速地提前走向死亡。

注释

1 佐：辅佐。

2 以兵强天下：通过武力的方式胁迫天下人追随自己。这里似乎是对霸道的否定。老子虽未直接提出王道与霸道这一对范畴，但他提出了以道治天下的观念，反对以武力强迫天下人的意思，已经包含了肯定王道、反对霸道的政治思想了。

3 好还：容易产生报应。

4 师：军队。

5 果：历史上有济、成、胜三种解释，于词义与语义均可通。果与敢、断之义相通，亦可释为决断、果断。此处取“成”之义，似乎更为妥当，意谓政治行为善取其有所成而已，不敢自矜、自伐。

6 以取强：即以强取，意谓以强力的方式获得成功。

7 强：逞强。

8 老：衰老，喻指死亡。

9 已：结束，亦喻指死亡。

清 郎世宁 玛瑺斫阵图

第四十一章

导读

本章为王弼本第三十一章，主要表达的还是老子的反战思想与重视和平的政治思想，可从三个层次来理解。第一层是从原则上确定“佳兵者，不祥之器”，有道的统治者不采用这种政治路线来治国。第二层进一步讨论如何用正确的制度与心态来对待“不得已”要使用的战争机器。此层将歌颂胜利与歌颂杀人、以杀人为乐的实质性的恶果联系起来，颇具哲学的深刻性，具有老子哲学所特有的“慈”人之心，是老子“三宝”思想的具体化表现。第三层进一步阐释了如何面对战争中的杀戮与战胜后处置胜利的方式。在礼制时代里，老子主张以“丧礼”的方式来处理胜利的结果，实在深刻而仁慈。历史上几乎没有一位政治家能做到这一点，今后也不知道有哪位政治家能做到这一点。

夫佳[1]兵者，不祥之器。物或恶之[2]，故有道者不处[3]。

君子居[4]则贵左，用兵则贵右[5]。兵者，不祥之器，非君子之器。不得已而用之，恬淡为上[6]，胜而不美[7]。而美之者，是乐杀人。夫乐杀人者，则不可以得志于天下矣。

吉事尚左，凶事尚右。偏将军居左，上将军居右，言以丧礼处之[8]。杀人之众，以哀悲泣[9]之。战胜，以丧礼处之。

译文

那些装备精良的部队，其实是不祥的器物。神灵或许都厌恶他们，所以有道的人肯定不让自己停留在追求强大的武力以治国的境界。

君子们日常生活以左边为贵，打仗时以右边为贵。［因为］军队是不祥的器物，不是君子们所依靠的器物。不得已非要用兵打仗，［这时］应该以平常心来对待战争这件事并以之为最高的行事原则，胜利了而不要去歌颂胜利。如果去歌颂胜利，［其实］是歌颂杀人。那些以杀人为快乐之事的君主，是不可能在天下万民中实现自己的霸主事业的。

吉事以左边为贵，凶事以右边为贵。偏将军居于左边，上将军居于右边，这种军礼是要表明我们应当用丧礼的方式对待战争。战争中杀死的人过多，应该用悲哀的心情来对待战后的结果。战争获胜了，用丧礼来对待胜利的结局。

注释

1 夫佳：王念孙认为是“夫唯”之讹，还有人认为“佳”字疑衍。其实“佳兵”即甲兵之类，为装备很好、具有强大的作战能力的军队。从反对战争、主张和平的角度看，越是装备好、战斗力强的部队，其杀伤力也越强。故称“佳兵”为“不祥之器”，与世俗社会好战的人们，以“佳兵”为卫国、攻城略地之利器，正好相反。

2 物或恶之：物，此处当指神灵。

3 不处：不止也。即不停留于以“佳兵”来维持国家安宁的治国境界，而应当用“以道治国”的思想原则来要求自己。

4 居：日常生活为居，有时作“平居”。

5 贵右：古礼性质有五大类，可略分为吉、凶、军、宾、嘉五种。以吉凶两种性质而言，冠、昏、祭、乡、射、朝、聘等属于吉礼，而丧礼、军礼属于凶礼。《逸周书·武顺》篇云：“吉礼左还，顺天以立本；武礼右还，顺地以立兵。”

清 乾隆 平定台湾战图

去年此
際來登
程藏績
今朝凱
宴迎來往
算仍先一月
驅馳真是賴
羣英國威海嶠
揚維烈
祖德山莊佑實
明迴懷旰宵斯擘
畫不徒勞耳歷猶
誠　歷中宜不自
懷愬何致愚民蹈
法甘論武臣防乃就
弛曰文諸吏亦爲貪
債轄方忠誠吾過伏

6 恬淡为上：即以恬淡的心态对待战争之事，不要将其视为升官发财的好机会，更不能将其视为报仇雪恨的好机会，而要将战争之事视为人世间“不得已”的事情，进而用理性的方式来对待战争及战俘。不会采用无所不用其极的方法来从事战事，尤其是杀害战俘，甚至使用违反人道最基本原则的手段，如决堤以伤害无辜等。对于国君与高级将领来说更应该如此。

7 不美：不歌颂，不赞美。

8 以丧礼处之：高延第《老子证义》云：“上将居右，以其专杀。古者遣将，设明衣，凿凶门而出，以示必死，故预以丧礼自处。”今人彭美玲亦云：“古人在动态的行军用兵方面，或因右手为便而称‘尚右’，或因其事暗寓凶丧之意而称‘尚右’。”（《古代礼俗左右之辨研究——以三礼为中心》，台湾大学出版委员会出版，1997年版，第255—256页）

9 涖：当为“莅”之讹，临也。

第四十二章

导读

本章为王弼本第六十九章，是老子军事思想中较为具体的部分，既体现了他的战略思想，也体现了他的战术思想。对于不得已而用之的战争机器，一旦发动了，就必须慎重对待。在这章里，老子的贵柔、示弱的哲学思想也得到了体现。本章可以从三个层次来理解。第一层是前三句话，讲进入战争的状态后，不要采用哪怕是一寸的主动出击的姿态，但可以有一尺的退缩，这是基本原则。第二层是讲具体的战斗过程中，要有辩证、灵活，甚至是虚灵而近乎神妙莫测的战争艺术，即以无具体之阵势用兵，无具体之把柄可握，无具体之敌人可击，无具体之兵器可用。第三层在第一层意思的基础上，更明确地提出了不要轻敌的根本原则，而且在此基础上进一步提出了战争取胜的原则："抗兵相加，哀者胜矣。"而所谓"哀者胜矣"，即是慈者取胜。这种慈者，不只是慈爱士兵的生命，更重要的是代表了战争的正义方，以爱惜民命为其战争的根本基础。

用兵有言[1]：吾不敢为主而为客[2]，不敢进寸而退尺[3]。是谓行(xíng)无行(háng)，攘无臂，扔无敌，执无兵。[4]祸莫大于轻敌，轻敌几丧吾宝[5]。故抗兵相加，哀者[6]胜矣。

译文

根据打仗的人说：我从来不敢作为战斗的主方而是作为战斗的客方，不敢向前推进一寸而宁可退守一尺。这就叫作无固定阵式用兵，无具体把柄可握，无固定的敌人可击，无固定的兵器可用。战斗中没有比轻敌的行为引起的祸害更大的了，轻敌就差不多要丧失我们的战争法宝了。因此，举兵投入战斗，爱惜士兵与民众生命的一方会取胜。

注释

1 用兵有言：针对具体的两军对垒的作战原则而说。有言，谦词，不直接表达自己的观点，而是以转述的方式来表达自己的观点。与今天“据说”之意相当。

2 不敢为主而为客：老子三宝之一是“不敢为天下先”，不敢为主，即不敢先于对手而动。故此句意思是，决不采取主动出击的方式，而是采取被动应战的姿态。这与老子在本书第四十一章所讲的“兵者，不祥之器”“不得已而用之”的思想，一脉相承。老子反对主动出击的战争，但不反对防卫式的战争。老子是和平主义者，但不是投降主义者。

3 不敢进寸而退尺：不贸然地向前推进一寸，守势也；宁可向后退一尺，谦让也：贵和平也。

4 此句中“行无行”的第二个“行”字，意为阵式。整个四句话的意思是讲无成势可执，既无具体之手臂可以奋击，亦无固定的、可预知的敌人队伍需要迎击，更无固定兵器可以使用。这里主要强调战场上瞬息万变的特点，不能完全按照作战室里预定的方案去作战。在具体战斗中，依据具体情况，任何东西都可化为武器，也无法预知哪股敌人会窜出来，而自己的部分队伍因为有临时情况有时也会被抽走。老子对于具体战争中的复杂情况似乎有较清醒的理性认识。

5 吾宝：即本书第九章所讲“我有三宝，持而保之。一曰慈，二曰俭，三曰不敢为天下先”的三宝。

6 哀者：即慈者。《说文·口部》：“哀，闵也。”

清 张廷彦 平定乌什战图轴

第四十三章

导读

此章为王弼本第八十章，历来视为老子的“理想国”，可与《礼记》中的“大同”理想相参阅。实际上，这是老子针对春秋时期大国争霸而设计的政治改革方案。只是老子当时在周王朝的政治地位过于低下，不仅无法推行其政治改革方案，甚至连向周王上书提出政治改革方案的机会也没有。

全文可从两个大的层次来理解。“小国寡民”是其总的政治纲领，也是其政治目标，此为第一层。后面为第二层，即实现这一政治纲领或政治目标的具体方法。具体而言，可分为三个小的层次：其一是器物层面，尤其是关乎政治与军事的器物，其主张是不要使用大型的、先进的器物。其二是心态方面，以追求纯朴的生活为目标。故其文中的甘、美、安、乐四个词，都应当作为意动用法来理解。其三是诸侯国的规模问题与民众的生存方式问题。不相往来，实际上是指在理想中的井田制社会里，百姓生死不出其乡的一种绝对自足状态，并非后人所说的小农经济社会的自给自足。

小国寡民[1]。

使有[2]什伯之器[3]而不用，使[4]民重死[5]而不远徙[6]。虽有舟舆，无所乘之；虽有甲兵[7]，无所陈之[8]。使人复结绳[9]而用之。

甘其食，美其服，安其居，乐其俗。[10]

邻国相望，鸡犬之声相闻，民至老死[11]不相往来[12]。

译文

让诸侯国面积变小，人口变少。

即使有什伯人使用的器具也封存起来而不使用，让民众重视生命而不轻意地向远地迁徙。即使有船与车等交通工具，［因国土面积变小］也没有乘用的需要；即使有铠甲部队，也没有布防炫耀的必要。让人们都回归到结绳计账的简朴生活。

［百姓］皆以自己所食之物为甘美，所穿服装为美好，所处的生活为安宁，所在之地的风俗为快乐。

相邻的诸侯国相互之间可以看得很清楚，鸡犬的叫声相互之间都听得到，民众从生到死都无须往来交易[，自给自足]。

注释

1 小国寡民：小，使之变小。寡，使之变少。皆使动用法。国，诸侯国，非现代汉语中的民族国家。

2 使有：假设之词也。即使有之意也。

3 什伯之器："什伯"指古代军队的编制，十人为"什"，百人为"伯"。"什伯之器"即可供什伯人使用或由什伯人共同协作才可以使用的大型器皿或器具。前者是大型的鼎或锅，后者是战争武器，如先进的战船或战车等。

4 使：让也。

5 重死：重视生命也。

6 不远徙：不向远的地方迁徙。帛书甲、乙本均作"远徙"。王本显然是经过汉以后的人修改过的文字。远徙，即远离迁徙，与不远徙的意思相同。井田制时代，民众生活在一乡里颇能自足，无须向远地方迁徙。

7 甲兵：即藤甲或铜甲之队伍，在老子时代属于先进的、有极强战斗力的队伍。

8 陈之：布防以炫耀它，"之"代指上文甲兵。引申为炫耀自己的

明 仇英 桃花源图（局部）

国防力量。

9 结绳：远古时代计算财富数目的简陋方式。上古时代财富有限，人的计算能力也有限。此为隐喻之言，即回归到简朴的生活，无须复杂的计算。

10 此四句中甘、美、安、乐四个动词，皆意动用法，以自己所食为甘，以自己所服为美，以自己所住之所为安，以自己所处之俗为乐，皆不攀比也。老子批评过于鲜艳的五色，过于细腻的五味，过于精巧的五音，更反对疯狂的打猎行为。

11 至老死：即从生到死。

12 往来：即为了更好地生活而迁徙也。今日中国社会的农民工潮以及各阶层向更好的地方迁移，皆是“往来”。

第四编　事相事理论

本编共十八章，主要阐发一些抽象的哲学道理，其核心精神是辩证思维。这种辩证思维主要表现在两个方面：一是坚持常道，反对不合乎道的奇怪做法，如企者之立、跨者之行。二是提出了柔弱胜刚强的道理，特别是以水之柔攻石之坚为喻，富有诗意地阐发了柔弱可以战胜刚强的道理。

不过，要注意的是，老子的辩证思维在当时是一种极高的哲学智慧，但就其思想的深刻性、具体性而言，还有待丰富和发展。特别是老子在阐发事物的变化问题时，往往省略了具体的条件。因此，老子的辩证思维还只是古代哲人的一种“洞见”，它还需要通过现代的哲学辩证法的重新洗礼，才能在当代重新闪耀出其智慧的光芒。

第四十四章

导读

本章为王弼本第六章，以“谷神”的形象阐述作为万物之宗主的道具有连续性与生生不息、不可穷尽的特征。此章蕴含了“有生于无”的解释的可能性。作为虚空的谷神，其形象是无形而实有，功用不绝，虽无形无象，而天地有形之大物却以之为根基，则“有生于无”的思想可从此形象的论证中推导出来。《庄子·天下》篇将老子的本体论思想概括为“建之以常无有”，实开启了魏晋玄学王弼一系解老者“以无为本”的思想先河。因此，王弼与先秦庄子一系的思想关系，应该得到学界的关注。

应该说，此章与本书第十四章“道之为物”的思想形成了一定的张力。然此章的“玄牝之门”的说法，实与本书第二章“玄之又玄，众妙之门”的意思是相同的，只是论证的手段不同。此章以谷神的空虚形象来喻证“玄牝”。另外，“谷神”连绵不断，不可穷尽其功用的思想，亦可与宋儒张载“太虚”的思想相参酌。

谷神[1]不死，是谓玄牝[2]。玄牝之门[3]，是谓天地根[4]。绵绵若存[5]，用之不勤[6]。

译文

谷神是不会死亡的，这就叫作玄而又玄的产道。玄而又玄的产道，这就叫作天地的根本。[她]连绵不断看起来好像是实存的，使用起来却没有穷尽的时候。

注释

1 谷神：即山谷之神，亦即虚空之神。以山谷虚空的形象而喻言雌性动物的产道，故下文称之为“玄牝”。

2 玄牝：即道牝。老子以雌性动物的生殖器来形象地揭示道生万物的道理。“玄牝”亦是产生生命的产道，在哲学上可称之为生生者。生生者既不死，也不生，它是绝对的，是自本自根的。此种构词法实即庄子所说的“卮言”，类似结构的词汇还有天网、天门、大象、大音、大器等等。而《老子》文本中的大象、大音、大器等词语，实即道象、道音、道器。而道器，又即“道之为物”的“道物”。道作为一具体实存的东西，当然是无所谓成与不成的，它永远处于成毁的过程之中。故“大器晚成”，亦即“道器免成”。

3 门：雌性动物的产道。

4 天地根：老子将有形的天地放在无形的虚空基础之上。这或许是老子思想所蕴含的“有生于无”的内在思想基础，或曰诠释的可能性。道之为物，是恍惚不定的，也是如山谷一般虚旷的。这一诗性喻言方式让老子的思想内在地具有可作不同诠释的张力。然虚空不是不存在，而是一种空间，具有包容性和生产性等特征。

5 绵绵若存：连续不间断，好像是存有的、实在的，但是人的肉眼又看不到任何具体形状的事物。这也是“道之为物”的一个特征。

6 用之不勤：勤，尽也，见《广韵·欣韵》。即作为虚空不可见的道，在发用的过程中没有枯绝、穷尽的时候。

南宋 夏圭 山谷激流图

第四十五章

导读

本章为王弼本的第五章，从天地自然而成化的角度阐发“道”公正无私的特性，而且告诫人们，与其辛苦地瞎作为，不如老实地守道。因为天地有自己的内在法则，是人所不能完全认识与把握的，如果人试图通过人为的方式实现自己较大的利益，往往会引起预想不到的其他麻烦，而且人通过人为方式所做的一切很快就会遇到极限，并会陷入困境。全球化的资本主义生产方式，以及由此生产与生活方式引起的全球性的环境与生态问题、科技伦理问题，在一定的程度上印证了老子的思想与担忧。

本章可从两个层次来理解。第一层以天地不仁为价值的原点，进而阐发“圣人不仁”的道理。“天地不仁”，即是“天道无亲”的另一种说法。此处着重在阐述天地法则具有公正无私的品性，警告人们，如果有所偏爱，表面上是好的，实际上会引出无穷的麻烦。第二层以形象化的方式说明天地之间隐藏着无穷的奥秘，看起来虚空无物，但如果用人为的方式搅动它，就会产生许多意想不到的事情，人为的手段很快就暴露出它的局限性，并陷入束手无策的困境。

天地不仁[1]，以万物为刍狗[2]；圣人不仁，以百姓为刍狗。

天地之间，其犹橐籥（tuó yuè）[3]乎？虚而不屈[4]，动而愈出。多言数穷[5]，不如守中[6]。

译文

天地没有仁爱之情，将万物视为刍狗；圣人也没有仁爱之情，将百姓视为刍狗。

天地之间的虚空形象，实际上像一个排橐管籥一类的器具啊。它内在是虚空的但不能穷尽其所有，越是作为越是产生出许多意想不到的东西。统治者发布太多的政令文告，其统治的手段反而会穷尽，不如持守冲虚无为的姿态〔，以免搅动出太多的麻烦〕。

宋 佚名 犬戏图

注释

1 不仁：即没有仁爱的意识。

2 刍狗：古代祭祀时用草扎的狗。此类祭品随着祭祀活动结束而很快成为无用之物，以此喻万物皆随时节而生其用，时节已过，其用自消。

3 橐籥：橐，排橐也，即古代冶炼铜铁时使用的牛皮质地的风箱，以增加火力也。籥，古代管类之乐器（从丁四新说）。二者皆内虚而含潜能。

4 屈：穷尽、短缺也。凡“屈”之类皆有短和短缺之意。

5 多言数穷：言，政令文告也。数，一训作“速”，一训作“术数”。此处选“术数”之意，即今日所言手段、方法也。

6 守中：即守冲。冲，虚也。与本书第三章“道冲而用之或不盈”的“冲”字意思相同。

第四十六章

导读

此章为王弼本第七章，从天长地久的直观经验认识入手，讨论人何以能长生的道理，体现了老子思想追求现象背后所以然的道理的哲学品格。由天长地久的经验现象又进一步推论圣人效法天地而能做到“无私”的存身原则，从而将“无私”的道德理想与天地之道、圣人的法则联系起来，以论证“无私”的道德原则的神圣性。圣人通过“无私”而能在无意中实现自己“存身”的个人目的，看起来是一个吊诡的方法，这种吊诡的方法本身不能理解为是圣人故意使用的一种理性的狡黠，其实是一种天道运行的自然结果。老子讲“天道无亲，常与善人”。此章中的圣人恰恰是“大善人”的另一种说法，这种圣人即使是无意志的天道也自然而然地会赞助他，保佑他。老子的哲学取消了人格神的上帝，人间的一切行善与善人如何能够得到回报，这是一个重大的问题。老子以天道自然回馈善人与善行的思想来处理这一问题，当然只是一种信仰，并没有必然的保证。

值得注意的是，此章中的“无私”观念与秦汉以后，特别是今天伦理学中的“无私”观念相比，其内涵还没有那么丰富，其道德的意味也没有那么浓厚。这一点需要细心体会。

天长地久。天地所以能长且久者，以其不自生[1]，故能长生。

是以圣人后其身而身先[2]，外其身而身存。非以其无私[3]邪？故能成其私[4]。

译文

天地的寿命恒长而久远。天地的寿命之所以能恒长久远，是因为它不追求自我的生命与存在，所以能够恒长久远。

所以圣人［向天地学习］，把自己生命的重要性放在民众生命之后，而其生命的价值恰恰被民众置于优先重要的位置；把自己生命的存亡置之度外，其生命恰恰因此而被保存下来。这难道不正是因为圣人的无私行为吗？所以他最终反而在无意中成就了自己个人的目的。

北宋 佚名 地藏菩萨图

注释

1 不自生：不特别地为了自我的生命而保持长寿。

2 后其身而身先：把自己生命的重要性放在众人生命之后，其自然而然的结果是他的生命价值被众人奉为优先。此即圣人在上而民众没有感受到统治压力的缘故，故众人乐于推举圣人作为领导者。下文“外其身而身存”与本句意思相近而言说的侧重点有所变化。

3 无私：即不以自我的利益为重。

4 成其私：实现了自我存在的目的。此是自然而然的结果，非故意求之也。此可以视为“天道无亲，常与善人”的另一种说法，也是道“常无欲，以观其妙”的例证之一。

第四十七章

导读

此章为王弼本第二十章，意思颇为丰富，可与现代德国哲学家尼采在《快乐的科学》一书中以疯人之口道出“上帝死了”的一段相参阅，深切而颇富真情地描绘了哲人老子内心深处的精神孤独。所不同之处在于，老子没有尼采的悲愤与绝望之情，而是以一介孤傲的守道之士而自立于人世，故又可与柳宗元《江雪》一诗中“孤舟蓑笠翁，独钓寒江雪”的钓翁形象相对比。

全章可从三个层次来理解。第一层即第一句话。第二层从第二句开始，到“飂兮若无止”句止，主要是批评世人的生存方式。尤其是此层后面两句，以形象的方式揭示了世人生活飘忽不定、毫无根基的特征。第三层是最后四句话，表明老子个人的生活立场以及他与众人之所以不同的地方——“贵食母”。“贵食母”的哲人虽然很孤独，但在精神上有一种孤傲、自信。尤其与世人不同的是，他生活得有根基，不随风乱转。这一点，老子与孔子有某种相通之处。孔子自认为天命在自己的身上，他要体现并传承“斯文”，故终身栖栖遑遑而从不气馁。老子自信自己所奉侍的“道”，故而能俯视芸芸众生。中国古代社会的哲人虽然不同于犹太教、基督教中的先知，但也都自信地认为自己与真理站在一起。

绝学无忧。[1]

唯之与阿[2]，相去几何？善之与恶，相去若何？人之所畏[3]，不可不畏。荒兮其未央哉[4]！众人熙熙[5]，如享太牢[6]，如春登台。我独泊兮其未兆[7]，如婴儿之未孩[8]，儽儽(lěi lěi)兮[9]若无所归。众人皆有余[10]，而我独若遗[11]。我愚人之心也哉！沌沌(dùn dùn)兮[12]！俗人昭昭，我独昏昏；俗人察察[13]，我独闷闷[14]。澹兮[15]其若海，飂(liù)兮[16]若无止。

众人皆有以[17]，而我独顽似鄙[18]。我独异于人，而贵食母[19]。

译文

超越一切人为的知识［而上达大道］，就不会生出诸多忧患。

唯唯诺诺的答应与大声呵斥之间，其差异究竟有多大？善与恶之间，其差异究竟有多大？人们都对之保持敬畏的东西，我也不得不加以敬畏。一切都是那么广大无边而看不出何时能停下来！普通大众都显得那么高兴，好像正在享受太牢之后分享的祭品，好像春天来了远足于郊野登高而望那样的喜悦。唯有我淡泊而像还没有开化，就像刚出生的婴儿还不知道笑一样，疲惫落魄而不知道哪里是我的精神故乡。众人都好像丰裕而又充足，唯有我好像丢失了什么重要的东西。我实在是一个只有愚朴之心的人啊！一副混混沌沌的模样。世俗的人们都显得那么明白［，知道自己需要什么］，而唯独我昏昧无知。普通的人们都是那么的精明［，知道事物之间的锱铢之别］，而唯独我混沌无知［，不知事物之贵贱］。一切都是那么恍惚不定像大海的波澜一样，一切都像大风一样飘荡没有根基随起随灭。

普通大众都好像有所凭借［，信心满满］，唯独我冥顽不灵好像一个村野老农孤陋无知。唯独我与普通大众不同，因为我恭谨地以道为生活的指南。

注释

1 绝学无忧：绝，渡过也。学，即有关礼乐制度的一切人为的知识，与道的朴素、自然而然的秩序等相反。老子有“为学日益，为道日损”的主张。故“绝学无忧”与“为道日损”的主张互为表里。明末傅山对此句中“绝”字的训释最富有新意，他说：“老子之所谓‘绝’者，绝河之绝也。学如江河，绝而过之，不沉没于学也，觉也；不沉没于效也，觉也。”（《傅山全书》第四册，山西人民出版社2016年版，第109页）今取傅山之意。

2 唯之与阿：唯，古代人答应长辈或上级的指示类的话。阿，通“呵”，即大声斥责之意。

3 畏：敬畏也。

4 荒兮其未央哉：荒，广大而无边际之意。未央，没有停止。

5 熙熙：高兴貌，喜悦貌。

6 太牢：古代隆重的祭祀之礼，用以祭天地，备具全牛、全羊、全猪。祭祀礼毕，可享用牛、羊、猪之肉也。这似亦可与今日用公款举行的大型宴会相类比。只是今日的公款宴会没有祭祀的前奏而已。

7 泊兮其未兆：泊，即淡泊之意。兆，本义为龟卜时显示出的征兆，亦指某种已经成型的形象，引申为对某事物有明显的价值偏好。

宋 佚名 柳阴高士图（局部）

8 未孩：孩，婴儿的笑容。此上一句中的“未兆”，与此句中的“未孩”，意思相近。

9 儽儽兮：疲惫、落魄的样子。

10 余：丰裕、富足的样子。

11 遗：丢失了某种东西。

12 沌沌兮：混沌、质朴的样子。

13 察察：明白、清晰的样子。

14 闷闷：混沌不明之貌，与上文“察察”正相反。

15 澹兮：水之摇动貌，以海水摇动不止的形象喻指人世生活诸象纷乱不确定的样子。

16 飂兮：以风之来去无根喻世人生活没有根基，随着欲望而动。飂，风之吹动貌。

17 以：凭借也。

18 顽似鄙：顽，不灵活也。鄙，村野老夫，无知之貌也。

19 贵食母：以食母为贵也。食，侍奉也。母，道也。

第四十八章

导读

本章为王弼本第二章，主要阐述经验世界里的万事万物相反相成的道理，最终归结到圣人依道处事的原则上来，进而实现长久地领导万事万物的大目标。全章可从两个层次来理解。第一层是讲美与丑、善与不善相反相成的普遍道理，要求人们不要刻意地追求美与善。第二层由此普遍的道理、原理出发，讲圣人坚持道的原则，处无为之事，行不言之教，不从美与丑、善与不善相对立的角度出发来处理万事万物，故而能达到功成而不居功，万物不离圣人之掌管的境界与目标。

天下皆知美之为美，斯恶已[1]；皆知善之为善，斯不善已。故有无相生[2]，难易相成[3]，长短相较[4]，高下相倾[5]，音声相和，前后相随。

是以圣人处无为之事，行不言之教，万物作焉而不辞[6]，生而不有，为而不恃，功成而弗居[7]。夫唯弗居，是以不去[8]。

译文

天下之人如果都知道美的东西之所以成为美的道理，那就会自然而然地生出丑的东西来；都知道善之所以成为善的道理，那就会自然而然地产生不善的东西来。所以实有与虚空是相伴而生的，困难与容易是相互成就对方的，长与短是相互比较而显现出来的，高与低是相互比较而表现出来的，乐音与自然声响是相互协调的，前与后是相互伴随而形成的方位。

所以圣人让自己处于不妄为的状态，推行无言的教化，万物兴起而不加以区别［，任其自然］，让万物自生而不拥有，辅万物之自然而不自恃其功，让万物成就他们自己而不居功自傲。正因为圣人不居功自傲，所以万物不远离圣人而自处。

清 佚名 西子浣纱图

注释

1 恶已：恶，丑也。已，语气词，通“矣”。此句与下一句可与尚贤而使民争、贵难得之货使民为盗的主张相互参阅。人皆知美而尚美，则使天下人争相致美，则恶就因此而产生；人皆知善而争相求善，则不善因此而产生。

2 有无相生：有无，与本书第五十四章“有之以为利，无之以为用”两句的有与无之意相同。有为实有，无为虚空。相生，相伴而产生，此为语言与逻辑上的相伴而生的意思，非母生子之生也。

3 相成：相反而相成。与上文“相生”意思相通。

4 相较：对比也。

5 相倾：相夺也，即相比较而显示出高与下的区别。

6 不辞：不辨别也。

7 弗居：不以之为凭借。

8 不去：不离开。此处可与孔子讲的“为政以德，譬如北辰，居其所而众星共之”的意思相参阅。

第四十九章

导读

本章为王弼本第四十三章，以形象的喻证方式阐述身教与坚守无为之道的好处，再次告诉人们，“无为”不是消极地不做什么，而是以柔软、温和的手段实现人的理想目标。全章可分为两层。第一层是从天下至柔之物可入至坚之物之中的现象，喻证“无为”手段的好处与妙处。第二层是由此道理来批评世人，感叹这一哲学道理长期被遮蔽，故老子将其揭示出来了。

不过，老子这一思想是从直观的经验现象抽象而得出的结论，就现代的科技水平而言，恰恰可以以坚攻坚，也可用火，即以温度来攻坚。而以火攻坚的特点是掌握事物的熔点。这一科技知识，老子似乎没有注意到；如果注意到了，他的思想可能会有所修正。老子知道冶铁之事，但冶铁的科技知识似乎并未进入他的思想视野，成为他思想加工的材料。老子过多地关注政治事件与人事，而忽视了科技与哲学的关系，这也与他否定经验知识的思想倾向有关。实际上，我们不仅可以采取以柔克刚的方式，也可以采取以刚克刚的方式。后来的中医在治病的过程中发展出以泻治病与以补治病的不同路径，可补老子辩证思维的偏颇与不足之处。

天下之至柔[1]，驰骋天下之至坚[2]，无有入无间[3]，吾是以知无为之有益。

不言之教，无为之益，天下希及之[4]。

译文

天下最柔软的东西，可以攻克天下最坚硬的东西。没有具体形态的物质可以渗透进没有缝隙的东西里面，我由此现象而领悟到了无为方法的好处。

不以政令文告的形式教化，不用主观妄为的方法获得好处，天下人当中很少有人能做到这一点。

注释

1 至柔：液态或气态之物。人的柔情亦可视为至柔之物。

2 至坚：金石类的硬度极高的物质。

3 无有入无间：无有，即看不见具体形态的物质。无间，看不见空隙。

4 希及之：很少有人能达到。

北宋 崔悫（传） 梅溪瀑布图

第五十章

导读

本章为王弼本第四十五章，着重阐发相反相成的道理，最终得出这样的结论：以合乎道的清静方式治理天下方为正确与标准的做法。此章可从两个层次来解读。第一层是阐述生活中广泛存在的一种接近于道的成、盈、直、巧、辩的现象与事物，由于人们用常识的眼光去审视，故而错过了发现这些美、善现象的机会。第二层直接表达老子自己的哲学观念，并提出了“清静为天下正”的理想政治的评价标准。

此章第一层的诸“若”字，值得认真玩味。若，像也，看起来是那样，而真实的状态却不是那样。此章中的“大”字不可看作现代汉语中的作为形容词的“大”字，而应当是道之名，故大成、大盈、大直、大巧、大辩等词，均可等值地替换为道成、道盈、道直、道巧、道辩。合乎道的成、盈、巧、辩，看起来是有缺、似虚、似拙、似讷，一般说来比较容易理解，如何理解合乎道的正直看起来是理短而词穷呢？似乎不好理解。老子讲“天地不仁，以万物为刍狗”，这一点还可以接受，但接着说“圣人不仁，以百姓为刍狗”，这一点听起来似乎不可接受。自古以来政治口号都讲圣王爱民如子，圣人如何能像对待祭祀用品刍狗一样地对待百姓呢？这不是刻薄寡恩、反民本、反人道的政治吗？但若深想一番，民自古皆有死，百姓到了耄耋之年还不想让他们死去，这有意义吗？今日的各大医院中，很多人将大笔的金钱投放在抢救年事已高的老人身上，看起来是人道的，实际上并不见得是人道的。我们今天的很多人已经不知道寿终正寝的说法与观念了。由此观之，“圣人不仁，以百姓为刍狗”的大正直、真理性的观点，看起来是不通的，其实是更为合道的。

大成若缺[1]，其用不弊[2]。大盈若冲[3]，其用不穷。大直若屈[4]，大巧若拙[5]，大辩若讷[6]。

躁胜寒，静胜热。[7]清静[8]为天下正。

译文

合乎道的完成看起来是有缺损的，然而其功用是不可停止的。合乎道的充实看起来是虚空不满的，然而其功用是不能穷尽的。合乎道的正直看起来是理屈词穷的，合乎道的慧巧看起来是稚嫩朴拙的，合乎道的雄辩看起来是木讷而不善言辞的。

火热能战胜寒冷，安静能战胜炎热。合乎道的清静是天下大治的标准。

注释

1 缺：不完满，有缺陷或缺损。

2 弊：止也，尽也。

3 冲：虚也，不满也。

4 大直若屈：直，正直。大直即合乎道的正直。屈，短也，穷尽也，不通也。

5 拙：稚嫩、朴拙。

6 讷：言辞不畅。

7 躁胜寒，静胜热：躁，借为“燥”。楚人称火为燥。此两句只是讲出了事物的一般性道理，忽视了火胜寒、静胜热的具体条件。如果夏天在炎热的阳光下，不论如何安静都会感到热；如果在极寒的地方，火力太小，亦不足以驱寒。

8 清静：即“归根曰静”的道之静，非日常生活的安静之静。

古希腊 米罗岛的维纳斯

第五十一章

导读

此章为王弼本第二十二章，主要是阐述相反相成的辩证原理，可以看作是前面第四十八、四十九、五十这三章的一个理论性的总结。通过对相反相成道理的阐述，最终的结论还是回到了抱一、不争的道论思想原则上。全章可从三个层次来理解。第一层是引用古代格言阐发相反相成的道理，最后归结到圣人抱一以为天下之楷模的结论。第二层将相反相成的普遍性道理运用到做人方面，以之修身，最后得出“不争，故天下莫能与之争”的结论。第三层照应本章开头，回到“曲则全”的古代格言所阐发的道理上来。就本章三个层次说理的完整性来看，堪称《老子》一书的典范章节，首尾呼应，层次井然。

曲则全[1]，枉则直[2]，洼[3]则盈，敝[4]则新，少[5]则得，多则惑。是以圣人抱一[6]，为天下式[7]。

不自见故明[8]，不自是故彰，不自伐故有功，不自矜故长(zhǎng)[9]。夫唯不争，故天下莫能与之争。

古之所谓曲则全者[10]，岂虚言哉！诚全而归之。

译文

局部可以获得全部，不正直恰恰是大正直，低洼可以实现充盈，陈旧反而成为新颖，持守少量的原则反而有所收获，贪多反而陷于困惑而不知真正的所需。所以圣人坚定地持守大一，成为天下人的楷模。

不固执己见，所以能变得智慧；不自以为是，所以能声誉彰显；不自我夸耀，所以功劳能真正地得到肯定；不矜持摆谱，所以能领导众人。不与人争名夺利，所以天下的人都无法与之竞争。

古人所说的因曲而全之类的道理，哪里是虚妄不实的说法啊！［实际情况］的的确确完全合乎古人所说的。

注释

1 曲则全：曲，乡曲，引申为部分、局部、地方性。全，全部，完整地拥有。

2 枉则直：枉，邪僻，不正直。与“大直若屈”可参看。

3 洼：低洼之地。

4 敝：破败，陈旧。

5 少：专一也。持守少量根本性的原则。

6 抱一：实即守道也。此处“一”为大一，与“道生一”之“一”不同，而与本书八十一章“昔之得一者，天得一以清”等句子中的“一”意思相同。此“一”似可以称为之“本数”。

7 式：楷模也。

8 不自见故明：不自见，高明先生以为是，不以自己的见解为是，今从之。明，即“知常曰明”之“明”，与今日哲学词语“智慧”一词相通。

9 不自矜故长：自矜，即自己过分地抬高身价。长，成为领导者。

10 古之所谓曲则全者：此句实际上是一省略句，包含“曲则全”一句后面的五条内容，“者”字将前面所言名词化，起到了代词的作用。

南宋 马麟 溪山行旅图（局部）

第五十二章

导读

本章为王弼本第二十三章，主要是阐述道行有常，偶然的暴烈现象不会持久，进而讨论人事的行为准则及其结果，实与民间谚语“种瓜得瓜，种豆得豆”的意思相近。人世的一切结果都是与自己的行为相适应的。老子此处所论，已经包含有后世因果论的思想。只是此处表达得还比较含蓄，没有秦汉以后各大宗教中因果论思想那么明白与强烈。

本章可从三个层次来理解。第一层讲大自然的运行法则是无声无息的，暴风骤雨的狂暴现象是不可能持久的。故在人世间做事要按部就班，以合道的方式展开。第二层讲依道据德做事，与从主观想象出发，以不合道的方式做事的不同结果，以非常质朴的语言表达出了后世因果论的哲学观念。依道据德做事，就会得到道与德的支持，结果肯定是好的；以不合道的方式做事，其结果自然也就与失败为伍。第三层直接批评统治者，认为人民之间之所以有不信任的现象，其直接原因是统治者对人民不够诚信。

希言自然[1]。故飘风不终朝，骤雨不终日。孰为此者？天地。天地尚不能久，而况于人乎？

故从事于道者，道者同于道，德者同于德[2]，失者同于失。同于道者，道亦乐得之[3]；同于德者，德亦乐得之；同于失者，失亦乐得之。

信不足，焉有不信焉。

译文

用节奏很慢、人的耳朵几乎听不见的声音说话是道的自然而然的表现。所以狂风不会刮一个早晨，暴雨不会下一整天。谁主宰着这件事情呢？是天地啊。天地都不能让一种狂暴的行为持续很久，更何况人类呢！［哪能让一种暴烈的行为持续很长的时间呢！］

所以一生按照道的要求做事的人，其人与道的法则相同；［一生按照］德的要求做事的人与德的法则相同；［一生按照亅失的方式做事的人与失的法则相同。与道的法则一致的人，道也乐于与他为伍；与德的法则一致的人，德也乐于与他为伍；与失的法则一致的人，失也乐于与他为伍。

统治者的诚信度不够，社会上当然就充满着一种互不信任的现象。

注释

1 希言自然：希言，用节奏很慢、人的耳朵几乎听不见的声音来说话。该词与“大音希声”的“希声”结构相同，即节奏很缓慢的言说，与飘风、骤雨急促的言说相反。自然，即道法自然的自然，亦谓道本来的样子。道在听觉方面的表现是“听之不闻名曰希”。

2 此句承上文，省略“故从事于”几个字，下一句亦同此句法结构。

3 道亦乐得之：即“天道无亲，常与善人”的意思。道虽是自然而然地运行，但自然而然地就会帮助善人。而老子所谓的善人，即是合乎道的要求的有德者，依道而行事，自然而然地就会成功，故曰天道常助善人，正如此处所言守道，道亦乐得之。此为拟人的话语，亦可见老子语言的古朴性。

明 戴进 风雨归舟轴（局部）

第五十三章

导读

本章为王弼本第八章，主要以水为喻，揭示道以巧妙的方式给人以好处而又不与人发生争执、摩擦，进而又提出了七种为人处世的原则。最后得出结论：只有不挑起争执，才不会做过头的事情。

上善若水[1]。水善利万物而不争[2]，处众人之所恶[3]，故几于道[4]。

居善地[5]，心善渊[6]，与善仁[7]，言善信[8]，正善治[9]，事善能[10]，动善时[11]。

夫唯不争，故无尤[12]。

译文

最高的善像水一样。水善于给万物以好处而不与万物发生矛盾，愿意待在普通人所讨厌的低下的地方，所以它接近于道。

日常生活以谦下为善，心灵要以渊泉为善，与人相处要以仁为善，说话要以诚信为善，政治要以平安为善，做事要以能够胜任为善，决定做某事要以合乎时机为善。

只有不参与争抢，才能保证没有过失。

注释

1 上善若水：上善，最高的善，即德善。若水，像水的某些特性一样。

2 不争：不与物发生摩擦与争抢，不产生矛盾。

3 众人之所恶：即普通人所讨厌的。众人所讨厌的是什么呢？当然是居下流。人往高处走，而水往低处流。故水之所处与人之所求是相反的。

4 几于道：接近于道。道无形无象，人们要直观地理解道的丰富内涵，可从水这一大自然的现象获得启示。中国哲学在阐述深邃的哲学道理时，往往借助文学的比喻与艺术的形象，以象征的手法启发人们。因此，我们似乎可以说中国古代哲学，其主流是启发的哲学而不是采用逻辑来论证的哲学。文学的启发是寓说理于形象之中，故采用的是一种情理交融的方法。故中国古代哲学往往具有诗性特质。

5 居善地：居，日常生活。善，意动用法，以某某为善。后面六句，语法功能相同。地，下之极也。全句意谓日常生活以谦下为善。王夫之在《周易外传》“谦卦”的诠释中说道，由于要与小人相处，故要用谦虚的态度。故谦卦非君子相处之道。王氏的说法极富启发性，日常生活中遇到的都是普通的人，无法理解高深的现象，故要以谦下为善。

6 心善渊：渊，水之源头，清澈而深，且面积不大，是一条溪流之源，可保证下流水流不断。人心要以清澈、欲望不多为善。

7 与善仁：即与人相处，以仁慈为善。老子在治国之道的层面，不提倡仁义，但在日常生活中，还是提倡与人为善的。老子的“三宝”之首，即是慈，慈即是仁。帛书本作“与善天”，可备一说。

8 言善信：说话以诚信为善，不以动听为善。此点可与孔子“人而无信，不知其可也”的思想相参酌。

9 正善治：正，同“政”。即政治治理以社会平安为善。可见，老子反对任何好大喜功的政治行为，兼并他国，夺人土地、抢夺人民，看起来颇有政绩，但并不是好的政治的标志。故一切盲目追求政绩的政治都不是好的政治。

元 盛懋 三峡瞿塘图页

10 事善能：人间诸事以人能够胜任为善。这与今天的人们提倡挑战极限的意识大相径庭，亦与后来孟子在人性修养与能力提升方面提倡“曾益其所不能”的思想相反。

11 动善时：做事要以合乎时机为善。孔子被称为“圣之时者也”。可见孔子与老子的思想有相通之处。

12 无尤：没有过失。尤，过也。

第五十四章

导读

此章为王弼本第十一章，着重讨论实有与虚空的各自价值及其相互之间的关系。一切实有可以向人提供直接的便利，一切虚空可以向人提供功能性的价值。应当说，这是老子思想中最为深刻的内容之一，他的智慧为我们人类拓展了价值的视野。老子要求我们不要把眼光仅仅停留在一切实有之物的现成的便利方面，还应该把眼光投向一切虚空的存在形式可能向人们提供的功能性的价值方面。人的价值视野应当将实有之便利与虚空之功能统一起来，如能这样，我们在考察事物的价值时就可以称之为得道了。后来庄子又提出"无用之用乃为大用"，进一步发展了老子"有之以为利，无之以为用"的思想。

非常值得深思的是：老子将利与用分开来思考，一是没有否定实有之利，二是强调实有之利需要借助虚空来发挥其实际的作用与功能。而这种作用与功能，实际上是现实的、灵活的便利。如果仅仅是实有，没有空虚，则物之多方面的价值就无法实现。王夫之批评老子强调虚无的价值，认为虚无的价值恰恰是依托实有而实现的，这也没有错。但老子思想的重点是在强调虚空的作用与功能，就老子思想在当时的社会而言，是了不起的思想发现。中国古代哲学，特别是气论一系的哲学，在处理物质运动的问题上，始终没有处理好虚空或空间的问题。气充满一切地方，如果它是极微的颗粒状的物质，这些物质相互堆积在一起没有任何缝隙或空间，那气又是如何运动的呢？中国古代的气论一系的思想家始终没有能够回答这个问题，甚至根本没有触及这一问题。老子的“有之以为利，无之以为用”的思想在这个意义上说是一种贡献，但长期以来没有得到很好的关注与讨论。

三十辐共一毂(gǔ)[1]，当其无，有车之用。埏埴(shān zhí)[2]以为器，当其无，有器之用。凿户牖(yǒu)[3]以为室，当其无，有室之用。故有之以为利[4]，无之以为用[5]。

译文

三十根辐条共同凑集于一个车毂之上，正因为车毂有空隙，才能让车轮转动起来发挥作用。和拌泥土以制作器皿，正因为器皿中的空间，才能有器皿的使用价值。在房子的墙壁上开凿门窗，正因为门窗的空间，才有房间的使用价值。所以，实有为我们提供了现实的便利，虚空为我们提供了使用的功能。

注释

1 三十辐共一毂：三十辐，古代车轮的辐条，三十根，以合一月之数。毂，辐条所凑之处为车毂。辐、毂皆为实有之木，而毂与辐交结处有空隙，故称之为“无”。后文器皿中的虚空、门窗之空间，都是“无”。故“无”，即是虚空与空间也。老子哲学的独特之处在于，他不仅承认实有之物能提供直接便利，更重要的是他发现若无虚空或空间，很多事物的功能就不能实现。故实有之物的功用，其实是依靠虚空或空间来实现的。这是老子“贵虚”哲学观念的形象化的论证，并不表明老子不重视实有，而只表明他的哲学侧重点是在阐述虚空的作用。后来的正统儒家多将老子哲学与佛教哲学并列起来，系统地批评佛老贵虚、贵空，实际上是对老子哲学的误解。中国古代哲学很少讨论实物与虚空的关系，老子哲学则触及了这一问题，后来庄子又以

清 陈介祺 君车出行图（朱拓本）

诗意的方式阐述了“以无有入无间”的问题。但在中国哲学史上，实物与虚空的关系问题未能得到充分的讨论，只是在中医的辨证论治的过程中讨论了虚实的关系问题。

2 埏埴：即和土也。埏，和也。埴，泥土也。

3 凿户牖：即在房子的墙壁上开门、开窗户。

4 利：现实的便利，好处。

5 用：功用、功能，使用价值。

第五十五章

导读

本章为王弼本第二十四章，以形象的方式来喻证一切不合乎道的行为与做法都不可能成功。其中“自见者不明”以下四句与本书第五十一章中的一些说法意思相同，只是表达方式不同而已。本章将自见、自是、自伐、自矜一类行为看成是道的附疣赘物，则从反面表明合乎道的行为即是符合至简、恰到好处的美学原则。“大道至简”应该是中国美学的一个重要原则，宋元明时期非职业的文人绘画往往能体现这一美学原则。

企者不立[1]，跨者不行[2]，自见者不明，自是者不彰，自伐者无功，自矜者不长。其在道也，曰余食赘形[3]。物或恶之[4]，故有道者不处[5]。

北宋 郭熙 秋山策杖图

译文

把脚后跟踮起来的人不可能长久地站立，迈大步的人不可能长久地行走，固执己见的人恰恰没有智慧，表扬自己的人恰恰不能声名远扬，自我夸耀的人恰恰没有功劳，自己矜持摆谱的人恰恰不能成为领导。以上这些行为按照道的要求来看，都称之为残羹剩饭与多余的肉。神灵可能都讨厌这种做法，所以得道之人绝不做以上这些事情。

注释

1 企者不立：企者，把脚后跟踮起来站着。不立，不能长久地站立。

2 跨者不行：跨者，迈大步走路。不行，不能长久地行走。

3 余食赘形：余食，吃剩的饭菜。赘形，多余的肉。

4 物或恶之：物，神灵。或，不定之词也，可能之意。

5 不处：不让自己处于“余食赘形”的、不合乎道的要求的状态。

第五十六章

导读

本章为王弼本第四十四章，着重阐发一种重身与重生的生命哲学，这是道家哲学的一大特色。本章似可从三个层次来解读。第一层主要以身体与生命为基本的价值原点，考察人生在世所面临的名、利、得、失问题，以反问的句式，表达了一种肯定的意向，即相对于生命的重要性而言，名、利、得、失都是次要的。第二层由重生的思想跳跃性地得出一般性的结论：过分吝啬名、利与得、失，过分聚积财富，一定会严重地损耗生命，甚至连自己的性命也会丢失。第三层给出一个处世的原则：在观念上要树立一种知足、知止的人生哲学，从而确保自己健康、长寿地活着。

名与身孰亲[1]？身与货孰多[2]？得与亡孰病[3]？

是故甚爱[4]必大费[5]，多藏必厚亡[6]。

知足不辱[7]，知止不殆[8]，可以长久。

译文

名誉与身体何者与自己的生命更切近？身体与财富何者更有价值？某些获得与某些丧失何者会更能给自己带来祸患？

实际上过分的吝啬一定会造成更大的损耗，过多地囤积财富一定会造成更多的损失。

知道什么样的状态是满足就不会受到无妄的侮辱，知道生命的价值应该安顿于何处就不会有危险，这样就可以让自己健康长寿。

注释

1 孰亲：何者更切近自己的生命。

2 孰多：何者更有价值。

3 孰病：何者更能产生祸患、伤害。

4 甚爱：过分吝啬。

5 大费：更加严重的损耗。

6 厚亡：更多的损失。

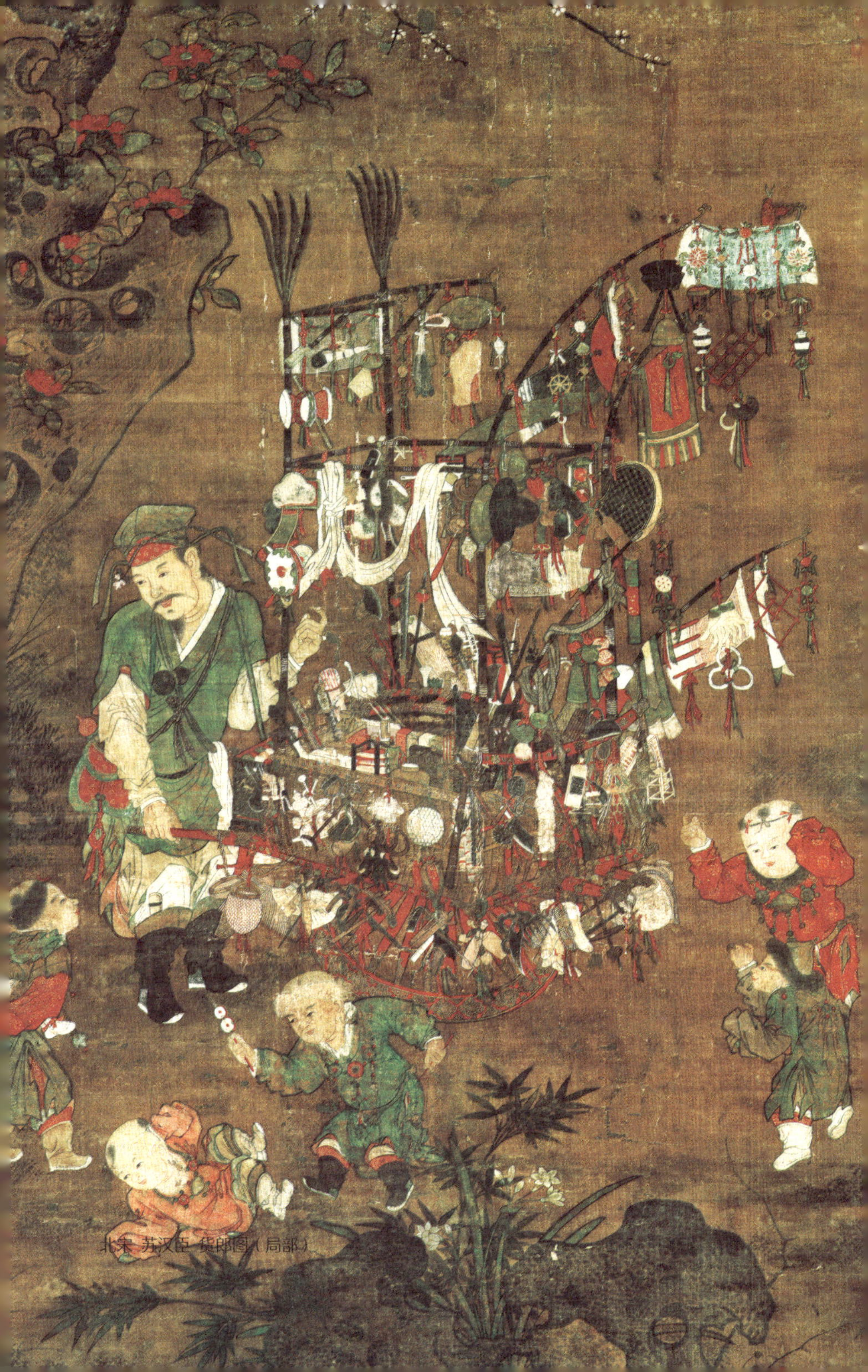
北宋 苏汉臣 货郎图（局部）

7 不辱：不受辱。

8 知止不殆：儒、道两家都讲“知止”的道理。《大学》讲“止于至善”，老子讲“知止不殆”。道既是至善，也是至真、至美，而且还是一切生命的源头，含义更为丰富。“知止”在儒、道两家的思想体系里，其实都是在讲安身立命的道理。不殆，没有危险。

第五十七章

导读

本章为王弼本第七十三章，主要是歌颂天道的无边威力，同时也指出了人的认识的有限性，警告那些自以为是、无所畏惧的人。这应该是“三宝”之中“不敢为天下先”思想的一种引申性的表述。

本章似可从两个层次来理解。第一层以生死为契机，对于不遵从天道，一味地凭主观意志做事的人，老子认为这种人将会遭到天杀。而且在这一层，老子还强调了天道的神秘不可知的一面，要求人们要在有所畏惧方面表现出一种高度的道德热情——勇于不敢，从而保证自己的生命。第二层进一步强调天道自然而然地有一些结果，且以天网为喻，告诫人们，一切都逃不脱天道的控制，天道以不争的方式巧妙地获胜。

当然，老子还不能清楚地告诉我们天道的具体内容是什么，但对我们今天的人类而言，仍应对天道保持高度的敬畏之心。作为一个整体的大自然，它的运行法则我们并不能完全地知晓。现代科学技术从短期的效率来看，给人类带来了诸多便利与好处，好像人能战胜自然，但实际上人在取得一些好处的同时，又在其他方面给自己造成了新的困境。当代中国的物质财富急剧地增长，但对环境的破坏也是前所未有的。全国大范围、长时间段的雾霾现象，已经让绝大多数的中国人都尝到了环境污染的苦头。试管婴儿已经成为普遍现象，但这些试管婴儿长成后究竟有没有先天性的生理缺陷，恐怕还需要更长的时间来认识。当代科学技术的突飞猛进就是整个人类“勇于敢”的生动而具体的表现，人类会不会自取灭亡，我们不知道。然而老子“勇于敢则杀”的警告，人类似乎应该认真地倾听。

勇于敢则杀[1]，勇于不敢[2]则活。此两者，或利或害。天之所恶，孰知其故？是以圣人犹难之。

天之道，不争而善胜，不言而善应，不召而自来，繟(chǎn)然[3]而善谋。天网恢恢，疏而不失。[4]

译文

勇于无所畏惧的人则容易被杀，勇于有所畏惧的人则容易存活。这两种做事的心态，一种获利而一种受害。老天所讨厌的东西，谁又能完全知道其中的奥秘呢？所以圣人对于此点也表现出畏难谨慎的态度。

天的运行法则，不与万物争抢而善于取得胜利，不发布什么政令而善于得其所得，不用呼喊而万物自然而然地依节令而出现，坦然自在而善于安排一切。天网稀稀疏疏，但它从不漏失一物。

注释

1 勇于敢则杀：勇于，即主观上敢于。敢，无所畏惧也。杀，被杀。

2 不敢：有所畏惧也。

3 繟然：坦然。

4 天网恢恢，疏而不失：天网，卮言也，将天道比喻成人间的渔网之类的东西。恢恢，网眼极其稀疏的一种网。疏而不失，网眼虽稀疏而一物都不能逃脱天道的管束。此亦即“夫物芸芸，各复归其根”的意思。但是，老子在此处不是讲报应，而是讲道的运行，必然会产生一些结果。正如前面所讲：“天道无亲，常与善人。”这一思想极容易与后来传入的佛教报应思想相结合。

说老、庄思想为中国接受印度佛教提供了条件，一点儿也不为过。

清 郎世宁 乾隆皇帝刺虎图

第五十八章

导读

本章为王弼本第七十八章，以水的柔弱形象为喻，诗意地论证柔弱胜刚强的道理，由此而进一步阐述如何做诸侯王、做天下王的道理，并又从为政的道理而上升到言说的一般原则：正言若反。

本章可从两个层次来解读。第一层借水的形象论证柔弱胜刚强的道理。如此浅显、易知的道理，人们都知道，但并不能在实践中加以运用。因此，老子在此又触及中国哲学中的“知行问题”，这与《尚书》中所说的“知之非艰，行之惟艰”的道理是一致的。老子实亦阐述了“能知不能行”的知行脱节问题。第二层由水的柔弱能胜刚强的道理，进一步引申到政治领域，要求诸侯王、天下之王学会以柔弱自处，承受国家的耻辱、国家的灾祥。从表面上看，诸侯王、天下之王承受了国之耻辱、天下之灾祥，人人都可以指责他、辱骂他，是柔弱无能的表现，实际上恰恰体现了王者的强大。合乎道的“正言”，往往以与表象相反的方式表现出来。这一点，的确体现了老子思想的深刻之处。

天下莫柔弱于水，而攻坚强者莫之能胜，其无以易之[1]。弱之胜强，柔之胜刚，天下莫不知，莫能行。

是以圣人云，受国之垢[2]，是谓社稷主；受国不祥[3]，是为天下王。正言若反。[4]

译文

天下万事万物没有什么比水更加柔弱了，然而当它攻击坚硬强大的事物时没有什么东西能够超过它，它在攻击坚强的万事万物之中是不能被取代的。弱小的可以战胜强大的，柔软的可以战胜刚强的，天下的人没有谁不知道这个道理，但是没有谁在实际的生活中能够将之践行。

所以圣人说：能够承受一个诸侯国的耻辱，这就叫作社稷的主人；能够承受诸侯国的灾祥，这就叫作天下的王者。合乎道的话，其表面意思与实际意思看起来是相反的。

南宋 赵黻 长江万里图（局部）

注释

1 其无以易之：其，代词，代指水“攻坚强者莫之能胜”这一事实。易之，代替它。

2 垢：耻辱。

3 不祥：即灾难，妖祥。

4 正言若反：正言，合乎道的话语。若反，言语的表面意思与实际意思是相反的。

第五十九章

导读

本章为王弼本第七十六章，与上一章讲柔弱胜刚强的道理相似，但在阐述的侧重点与方法论上，与上一章颇有不同。其一，本章明确地指出，坚强者死之徒，柔弱者生之徒。坚强一类的东西，主要是僵硬而缺乏弹性的，故而是死物之类。而柔弱一类的东西，是柔软而富有弹性的，故而是活物之类。其二，由此结论进一步得出一种具有普遍意义的处世之道与做事原则：强大处下，柔弱处上。由此两层意思，可以得出两个基本结论：第一是坚强者死，柔弱者生的道理。第二是讲“强大处下，柔弱处上”的做事原则与处世之道。这一处世之道警示人们，不要自恃刚强，而要重视柔软灵活的原则。刚强如果走向僵硬，则是必死之物。

本章的“强大处下，柔弱处上”的方法论原则，似可与《周易》的“泰卦”“谦卦”相参阅。“泰卦”卦象是乾下坤上，其卦辞曰："天地交，泰。""谦卦"的卦象是山在地中，艮下坤上。这两卦的卦象及其卦辞，都蕴含了老子所讲的"强大处下，柔弱处上"的方法论原则。《老子》一书从字面上看虽未提及《易经》，但老子本人作为周之守藏史，应该对《易经》深有研究。其贵柔贵弱的思想当与《易经》中所蕴涵的贵谦思想内容相关。

人之生也柔弱[1]，其死也坚强[2]。万物草木之生也柔脆[3]，其死也枯槁。故坚强者死之徒，柔弱者生之徒。

是以兵强则不胜，木强则兵[4]。强大处下[5]，柔弱处上。

译文

人在活着的时候，其身体是柔软而富有弹性的，死了之后其身体是僵硬的。草木在活着的时候，其躯体是柔软而富有弹性的，死了之后其躯体是枯槁而僵硬的。所以一切僵硬的东西都属于死物的一类，一切柔软的东西都属于活物的一类。

由此可知强大的军队往往不能取胜，高大的树木往往被砍伐当作柴火。［因此我们的处世之道与做事原则是：］强大的应该放在低下的位置，柔弱的应当放在被尊重的上位。

元 谢楚芳 乾坤生意图（局部）

注释

1 柔弱：柔软而富于弹性。

2 坚强：僵硬而缺乏弹性。

3 柔脆：即柔软、柔弱之意，因而富有弹性。

4 兵：当作“烘”。陈鼓应等本作“折”，其前一句“不胜”二字作“灭”，故此二句为“兵强则灭，木强则折”，可备考。本书从王弼本，不改，亦可通。

5 强大处下：强大的一方以谦下自处。类似的说法有：“大国者下流。天下之交，天下之牝。”这也与《周易》“泰卦”所揭示的道理相通。

第六十章

导读

本章为王弼本第九章，主要阐述物极必反的道理，可谓是“反者，道之动”的基本原理在人生哲学中的应用。这要求世人在处于人生的巅峰状态时，不要留恋名誉、地位，而要及时地从荣誉的光环中抽身而去，以免招致不必要的毁谤。只有这样，才能长久地保持已经取得的荣誉。老子讲的这一道理，从理智上说，人们都可以听得懂。但在实践中，很少有人能做到这一点。“知之非艰，行之惟艰”，此是古今的通例。时代需要自己的英雄，但每个时代的英雄都是不一样的，所谓“天地不仁，以万物为刍狗”，旧时代的英雄实际也是新时代的刍狗，一个时代结束了，那个时代的英雄也就要退场了。战争年代的战斗英雄，在和平年代就该让位于建设时代的建设能手了。可是，很少有人能真正地理解这一道理。

清 孙温 红楼梦（局部）

zhuī ruì

持而盈之[1]，不如其已。揣而棁之[2]，不可长保。金玉满堂，莫之能守；富贵而骄，自遗其咎[3]。功遂[4]身退，天之道。

译文

长时间地持有一物使之达到鼎盛状态，不如让它按照自然的节奏结束更好。锤击一物使之变成锐利之器，此锐利之器不可能长期地保持其原状。金玉满堂的富贵之家，没有谁能够长期地守住这一份家业；富贵之人而又骄横，将会给自己增添过失。功德圆满之时要抽身离去[，不要留恋]，这是天道的要求。

注释

1 持而盈之：持，握有、持守。盈之，使之达到鼎盛状态。

2 揣而棁之：揣，锤，剁，敲击。棁，通“锐”。棁之，使之锐利。

3 自遗其咎：遗，与也，给也。咎，过失。

4 功遂：功成。遂，完成。

第六十一章

导读

本章为王弼本第十章，在《老子》的八十一章中，属于少有的以反问语气为主的一章。笔者以为，该章实以设问之辞开头，回答世人的疑问。而结束部分以老子一贯的主张结尾，表明老子思想之一贯，只要尊道贵德，一切疑问皆可解决。历代注老解老诸贤，多未注意老子文章之义法，故有些注本以为后面一段文字为游离之辞。

本章前面的六个设问，其实涉及老子思想中六个重要方面的问题。其一，“圣人抱一，为天下式”何以可能？这是对老子根本思想——守道、抱一思想的质疑。其二，对老子精神修炼方法的效果的质疑，即我们能否在更高的境界上回到婴儿、赤子的单纯状态。其三，人的思维之镜是否可以绝对正确地直观地反映这个世界，进而让我们的认识上升到“明”（即智慧）的状态？其四，政治治理能否以无知的方式展开？这种“无知”包括两个方面：一是统治者能否无知？二是能否让民众长期处于无知无欲的素朴状态？其五，当人们的眼耳鼻口这一“天门”的开阖不定，与外部世界不断打交道而变得更加聪明、雄强的时候，老子坚持的贵柔、守雌、守弱的方法论是否有效？最后一点是，在文明开化的时代里，我们能够保持顺应自然的方式而不按照人的想法来做事吗？这种无为的方式真的有效吗？

以上六个方面的问题，条条都是直指老子思想之核心。而老子给出的回答，无非是尊道贵德。中国传统注疏学多注重文字的训释，很少关注全篇意思的疏通。当代中国经典的注疏，应当在继承传统注疏学的长处的同时，关注篇章的整体行文逻辑，进而为贴近文本做必要的释义学的准备。换句话说，当代中国的经典注释，应当成为经典解释的有机组成部分。

载营魄抱一[1]，能无离乎？专气[2]致柔，能婴儿乎？涤除玄览[3]，能无疵乎？爱民治国，能无知乎？天门开阖[4]，能为雌乎？明白四达[5]，能无为乎？生之、畜之，[6]生而不有，为而不恃，长而不宰，[7]是谓玄德。

译文

魂魄持守统一的状态，真的能够不脱离身体吗？抟合体内阴阳二气达到极致的柔和状态，真的能够返回到婴儿的精神状态吗？打扫道镜，真的能够没有一点疵瑕吗？仁爱民众治理国家，真的能够不用知识吗？人的眼耳鼻口开阖不停，真的能够保持雌柔的状态吗？文明开化的时代，真的能够无为吗？［能！］［道］生养万物，［德］畜养万物，［道］生养万物而不拥有，为万物做事而不自恃其功，领导万物而不宰制他们，这就叫作深奥莫测之德。

注释

1 载营魄抱一：载，发语词，相当于“夫”字之义。营魄，即魂魄。抱一，即守道也。魂为阳气，魄为阴气。万物负阴而抱阳。可见老子主张阴阳一体。

2 专气：即抟气。抟，收敛，抟合也。

3 涤除玄览：涤除，即打扫也。玄览，高亨认为，览读作“鉴”，指镜子。玄览，即内心得道光明如镜，可照察万物。玄览，卮言也，与天网、大象、大音、天门等构词方式相同。故玄览亦可简称为“道镜”。老子没有对自己的这一言语形式做理论上的总结。庄子提出的“三言”言说方式，实是对老子，以及他自己的

明 佚名 童子礼佛图

言说方式做了理论上的总结。这是庄子在哲学方法论方面对老子思想的发展。

4 天门开阖：即指人的眼耳鼻口等感官的开阖。

5 明白四达：即文明灿烂，天下交通往来。

6 生之、畜之：此为省略句，即道生之，德畜之。

7 此三句亦为省略句，意为道生而不有，为而不恃，长而不宰。

第五编 知言论

本编共有八章,集中讨论了人的认知与人类的语言问题,这两个问题可以说是中外哲学,特别是现代西方哲学高度关注的问题。老子在这八章中对何为真知,真知的评价标准,知人与自知以及人在认知方面的局限性,真知在政治实践以及生活中的具体运用,如何能做到“知足”等一系列问题都做了简明的阐述。本编中涉及的知雄守雌、知白守黑等知行论的问题,历来都有人批评,认为这是老子的诡诈之术。而在知与言的问题上,老子提出的“知者不言,言者不知”的问题,将人类的各种形式的言说方式与人类的认知活动对立起来,可以引出很多值得思考的问题。

第六十二章

导读

本章为王弼本第四十七章，在该章中，老子明确地反对经验之知，提倡一种特殊之知，即“不行而知，不见而名”。这种特殊之知其实就是理性思维能力。老子认为，道是不可能通过感性的方式来认识的，故有“视之不见名曰夷，听之不闻名曰希，搏之不得名曰微”的说法。因此，“不见而名”之所以能够成立，就在于“道”并不是通过感性的方式来感知的，而是需要理性的认知才能把握的。“不见而名”其实是创造概念的能力，属于抽象的哲学思维与表达能力。而“不为而成”，即是他经常说的“道常无为而无不为”的意思，亦即是依道而行，自然而然地就有好的结果。

在此章中，老子表现出浓厚的轻视经验知识的思想倾向，而且在一定程度上割裂了感性认识与理性认识、理性认识与智慧的关系。

不出户[1]，知天下[2]；不窥牖[3]，见天道[4]。其出弥远，其知弥少。[5]是以圣人[6]不行而知，不见而名[7]，不为而成[8]。

译文

不走出家门，就可以推知天下的大势；不从窗户向外观察天象，就可以领悟天道变化的法则。那些在外面走得越远的人，他对于道的领悟就越少。所以圣人不需要通过具体经验就能知道一切，不需要通过亲眼考察就能给事物之理命名，不需要通过人的主观化的行动就自然地有所成就。

注释

1 不出户：户，门也。不出户，即不出门，在家里待着。

2 知天下：知，这种“知”应当是依道而推知的，并不是日常经验之知。天下，指天下变化的趋势，而不是天下真实发生的具体事件。当然，我们亦可以说，老子是通过读书而了解天下的变化的，或者坐在家里，有人向他汇报情况，使他可以知天下之大事。即使如此，他所谓的知，仍然是一种间接之知。联系下文所论，老子此处所讲的知，只能是“依道而知”的推知。

南宋　马远　柳塘清话图

3 牖：窗户。

4 见天道：见，非肉眼之见，而是理性上的认识、把握。天道，即大自然的根本法则。

5 其出弥远，其知弥少：这一句话的主要意思是，对于具体的经验性的事件知道得越多，对于老子所讲的根本性的道的法则就理解得越浅薄。

6 圣人：此处圣人是道家的圣人，即是同于道者，或是玄德之人。与老子"绝圣弃智"所要弃绝的周文化传统中的圣人并不相同。

7 不见而名：不见，即不通过经验去感知事物。名，命名。王弼以为："识物之宗，故虽不见，而是非之理可得而名也。"王注得此句之正解。

8 不为而成：不为，即无为，亦即依道而行，自然而然地会达到一种好的结果。

第六十三章

导读

本章为王弼本第四十六章，主要阐述了两个层次的问题。一是讨论天下有道与无道的标准问题，二是讨论人世间的祸害是如何产生的。故全章分为两个部分：第一部分以驱马耕田为有道社会的标志，以母马在郊外的战场产崽为无道社会的标志。这两个标志生动形象而又直观。第二部分揭示了人类各种祸患产生的原因，即是由于人的欲壑难填。为了从根本上解决人类的战争与祸患，老子提出了一个“知足之足”的价值观问题，要求人们从观念上，也即是从内在的思想上解决人心贪婪的问题。“知足之足”的标准或曰界限究竟何在，老子没有给出明确的答案。但他要求从人类的内在思想观念，特别是价值标准上解决人类的矛盾冲突问题，的确是一条新的道路。这条道路对于今天的人们来说，仍然有积极的启示意义。

天下有道，却走马以粪[1]。天下无道，戎马生于郊[2]。

祸莫大于不知足[3]，咎莫大于欲得，故知足之足，常足[4]矣。

译文

天下如果是有道的，就会驱使奔跑的战马回去耕田。天下若是无道的，母马也被拉去当作战马而在郊外产崽。

人类的祸患没有比不知足更加严重的了，一切过失都产生于心中的欲望。所以在观念上知道何者为满足才是真正的合乎道的满足。

注释

1 却走马以粪：却，退回，驱回。走马，跑动中的马，实指战争中跑动的马匹。粪，耕田。

2 戎马生于郊：戎马，战马，此处实指雌性的战马。郊，距城百里曰郊，此处泛指城外的旷野。

3 知足：知道何种程度的需求为满足，它是一种关于满足的观念，亦即为关于满足的标准。

4 常足：即合乎道的满足。道的本性是自然而然。万物皆有其性，与本性的需要相一致的需求就是满足。如果加上人为的想法，要求更多、更好，就是贪欲。故老子在此章提出的“知足之足”与“常足”的观念，实际上是关于人类需求的“度”的问题。他没有给出具体的度，或者说具体的标准，但将需求之“度”的问题提出来了，值得后人认真地思考，并对之进行研究。

清 郎世宁 百骏图（局部）

第六十四章

导读

本章为王弼本第七十章，以抒情诗的方式再次讨论了知与行的问题。老子自许甚高，将自己的哲学思想比为他理想中的圣人所拥有的宝玉，一般的人无法理解，因而表现出巨大的孤独感。但正如本书第四十七章所言，世人按照他们的方式快乐地生活着，老子也坚持着自己的理想，以恪守大道为自己的人生准则，不为世人的行为而动摇自己的人生原则。他非常自信，认为谁若是以他所说的话为准则，就一定会获得自己的人生价值。全章可分为两层来理解。第一层说他所阐述的道理浅显、明白，很容易做到，但遗憾的是天下的人都不理解，也都没有做到。第二层主要是批评世人无知，不理解他所阐述的道理，他只能以被褐而怀玉的圣人为榜样，恪守自己所信奉的大道。

吾言甚易知，甚易行，天下莫能[1]知，莫能行。

言有宗[2]，事有君[3]。夫唯无知，是以不我知。知我者希，则[4]我者贵。是以圣人被(pī)褐怀玉[5]。

译文

我所说的话其实很容易理解，也很容易实践。但是天下的人没有一个听得懂，没有一个人去实践。

所有的言语都有主旨，所有的事情都有主宰者。正是因为人们普遍的无知，所以没有人了解我啊。真正了解我的人太少了，而效法我的人将是尊贵的人。［由于世人的普遍无知啊，］所以导致圣人常常只能穿着粗布大衣而怀抱着自己美好的珍宝。

注释

1 莫能：没有谁能够。

2 宗：主也。此处实指一种理论的主旨。

3 事有君：一切事情都有主宰者。君，主宰者。

4 则：动词，意动用法，以某某为法则。

5 被褐怀玉：被，通“披”。褐，粗布衣。怀玉，隐喻，指拥有无尚价值的珍宝。后世中国艺术中描写的高人形象，无论是在文学作品中，还是在绘画作品中，这类“被褐怀玉”者，比比皆是。

南宋 夏圭 溪口垂钓图

第六十五章

导读

本章为王弼本第七十一章，主要阐述“无知之知”，即人以承认自己的无知而为智慧的道理。这一古典的哲学智慧在孔子那里就表现为“知之为知之，不知为不知，是知也”的实事求是的精神，在古希腊哲人苏格拉底那里就表达为“我自知我无知”。人要学会承认自己的无知，这是古老的智慧。这种古老的智慧告诉我们，相对于未知的世界而言，我们人类所知道的一点点东西，其实是微不足道的。这要求我们在无限的大自然奥秘面前，从认知的理性上意识到自己的有限性，进而对大自然本身保持一种虔诚的敬畏之心。

本章虽然简短，其思想却极为深刻，可分为两层来理解。第一层阐述两种相反的认知标准，并揭示了如何避免因无知而犯错误的方法。第二层以圣人为标准，进一步强化“病病”的方法在避免因无知而犯错误方面的良好效果。本章语言古奥，在今人看来似乎有故弄玄虚的感觉，实际上体现了老子语言的古朴特征。

知不知，上；[1]不知知，病。[2]夫唯病病[3]，是以不病[4]。

圣人不病，以其病病，是以不病。

译文

知道自己对于很多东西不知道，是好的；本来不知道很多东西而自以为很有知，这就会产生祸患。只有将无知而自以为知看作是人的祸患，才不会产生祸患。

圣人没有任何祸患，是因为他将无知而自以为知看作祸患，所以没有任何祸患。

注释

1 知不知，上：真切地意识到自己的无知，是好的。上，通“尚”，即好的意思。

2 不知知，病：不能真切地知道自己的无知，是有祸患的。病，患也。

3 病病：第一个“病”字为动词，即以某某为患。第二个“病”字为名词，代指“以不知为知”的做法在认识上的缺陷与短处。

4 不病：即没有祸患。

南宋 马远 孔丘像

第六十六章

导读

本章为王弼本第三十三章，主要表达了老子以哲学概念对当时通行观念的重新规定，体现了老子对中国哲学思想内涵的丰富与发展的独特贡献。特别是最后一点对长寿的重新规定——死而不亡者寿，即是将“不朽”规定为长寿，是对《左传》中提出的“三不朽”观念的一次哲学提炼，富有深刻的启发意义。

知人者智，自知者明。[1]胜人者有力，自胜者强。[2]知足者富[3]，强行者有志[4]。不失其所者久[5]，死而不亡者寿[6]。

译文

能够了解别人的人称之为智者，能够了解自己的人称之为慧者。战胜别人的人称之为有力量，自己能够战胜自己弱点的人称之为坚强。知道何者为满足才是真正的富有，克服困难践行自己理想的人称之为有志。不丢失自己事业的人称之为恒久，生理上死亡而声名不消失的人称之为长寿。

注释

1 知人者智，自知者明：这一句将智与明区别开来，合起来为明智。一个明智之人，既要能够了解他人，又要充分地了解自己。

2 胜人者有力，自胜者强：这一句话将“有力”与“强大”区别开来，战胜别人只是有力，而自己能战胜自己的弱点，才是真正的强者。

3 知足者富：这正是“知足之足，常足矣”的另一种说法。富有，并不是现实的财富在量上的巨大，而是人的自我观念上对于何者是满足有一种真切的体认。实际上的富翁可能欲壑难填，那他就不是真正的富有。这一思想极其深刻。

4 强行者有志：老子以力行自己的理想作为“有志”的标志，是用行动、实践来考察一个人的理想。孔子从他的学生宰予那里也领悟到：考察一个人的志向，不仅要听其言，而且要观其行。

清 谢遂 仿唐人大禹治水图（局部）

这一点与老子的思想是相通的。

5 不失其所者久：即长时间地坚守自己的职业与岗位。久，恒也。孔子说："南人有言曰：'人而无恒，不可以作巫医。'"一个人对于自己所坚持的事业，要有恒心。故老子对于"久"的规定就不是从抽象的时间长短来考虑的，而是从人的具体生命经验来思考的，也即是说，他是从人的存在经验来思考时间性的问题。

6 死而不亡者寿：自然生命已死而其声名不消失，指有德、有功、有言存留于世者。寿，长寿。老子是以"不朽"来规定长寿。由此亦可以看到，老子的"长生久视之道"绝对不是一般性的生理上的长寿。

第六十七章

导读

本章为王弼本第八十一章，是老子辩证思维较为集中的一章，也是老子“正言若反”思想的集中体现。全章可分为两个层次。第一层从哲学的普遍性角度来论言、辩、知的表象与实质相分离的特征。真话不好听，好听的话不真实。善良的人不雄辩，雄辩的人不善良。真正的智者并不是知道很多具体知识的人，而知道很多具体知识的人并不是智者。这一点，可以从《庄子·天下》篇中庄子批评惠施的观点得到印证。惠施有很广博的知识，但庄子认为他弱于德，最后惠施以善辩之人的身份结束自己的一生，在德的修为方面毫无成就。第二层以圣人为例，阐述施予与获得的辩证关系，天道、圣人的基本法则，都是尽量地为他人提供利益与帮助，主观上并没有自利的动机，但其结果自然而然地有利于自身。这也可以说是“天道无亲，常与善人”的另一种表达方式。

本章中的圣人“为而不争”的“为”，表面上看与老子一贯提倡的“无为”思想是矛盾的，实际上并不矛盾。老子讲“辅万物之自然而不敢为”，“辅万物之自然”当然是一种作为；老子又讲“为无为”，显然也是一种“为”。结合其整体的思想，此章中的“为”应当理解为“辅万物之自然而不敢为”的“为”，故译文意译为“辅万物之成长”。古汉语翻译成现代汉语，虽然与外文译成中文的难易程度不可同日而语，但在直译与意译的问题上，却面临着共同的难题。

信言不美[1]，美言不信[2]。善者不辩[3]，辩者不善。知者不博，博者不知。

圣人不积[4]，既以[5]为人，己愈有；既以与人[6]，己愈多。天之道，利而不害。圣人之道，为而不争[7]。

译文

真话听起来不那么漂亮，漂亮的话实际上不真实。善良的人不雄辩，雄辩的人不善良。有智慧的人不那么博知，博知的人并没有智慧。

圣人不厚藏财富于自己身边，尽己所能地为他人做事，自己反而更加富有；尽己所能地给予他人，自己反而获得更多。天的运行法则，利于万物而不伤害它们。圣人的法则，辅万物成长而不与它们发生争抢。

注释

1 信言不美：信言，真话，诚实之言。不美，语言的表达形式不是那么悦耳动听，能引起人的直接好感。

2 美言不信：美言，听起来漂亮，很让人动心的话。不信，不真实。

3 善者不辩：善者，德性善良的人。不辩，不是很雄辩，即不善于言辞。孔子说："刚、毅、木、讷近仁。"此点老子与孔子有相通之处。

4 不积：即不厚藏利益于自己的身边。

5 既以：尽而。既，尽己之所能。以，虚词，相当于"而"。

6 与人：给予人。

7 为而不争：此句中所讲的"为"，即是前面所讲的"辅万物之自然而不敢为"之"为"，也可以理解成"为无为"之"为"。

南宋 林庭珪 五百罗汉图·布施恶鬼

第六十八章

导读

本章为王弼本第五十六章，主要涉及了三个问题。一是知与言的问题，与上一章善者与辩者、知者与博者的问题相关。二是正面表达了老子“玄同”的方法，即用一系列负的方法来化解人世间的一切争抢。三是对“玄同”的自在性做了进一步的阐述，可以说是对本书第一章道的“独立不改”属性与第二章“同谓之玄”的深入阐发。“玄同”实即道与玄德的另一种说法，主要从泯灭万物之差异的角度来言说的，故称之为“玄同”。此点与本书第十三章所说的“道之尊，德之贵，夫莫之命而常自然”的说法可以相参阅。

联系老子的整体思想，其所谓的“言”主要有三层意思：其一是“希言自然”“大音希声”之类的道言。其二是统治者发布的政令文告，如“多言数穷”之“言”。其三是人类的一般性言说，即本章所说的“知者不言，言者不知”之“言”。人类的语言是人与人之间交流的工具。但在老子看来，语言与名（词与概念之总和）总是后起之物，与道总有一点儿隔阂。对于道的领悟与体知，是无法借助语言来充分实现的。因此，老子对言说与智慧之间的关系持否定性的态度。这一点与现代西方广义的语言哲学高度肯定语言的价值，如海德格尔称“语言是存在之家”的说法相比，是极其不同的。

知者不言，言者不知。[1]

塞其兑（duì），闭其门，[2]挫其锐[3]，解其分[4]，和其光[5]，同其尘[6]，是谓玄同[7]。故不可得而亲，不可得而疏；不可得而利，不可得而害；不可得而贵，不可得而贱：故为天下贵。

译文

真正知道的人不夸夸其谈，夸夸其谈的人并不真正地知道。

堵住进出之口，关闭进出之门，折损那锐利的棱角，放开其韬袋，使那四射的光芒变得昏暗，与生活中的浊秽混同在一起，这些做法就叫作“玄同”。正因为是玄同，所以万物不能因之而亲近，不能因之而疏远；不能因之而有利，不能因之而有害；不能因之而变得尊贵，不能因之而变得低贱：所以［玄同］就成为天下最为可贵的。

注释

1 知者不言，言者不知：知者，即领悟了道的智慧之人。言者，善辩者之类的人物，如惠施等名辩学家之类的人物。不知，不知“道”也，亦即没有智慧。

2 塞其兑，闭其门：兑，出入之口。门，出入之通道。此句话为互文，类似魏晋时的骈体文的句式。全句意思是：堵塞人的眼耳口等认知的门径，进而杜绝人们的感性认知的通道。

3 挫其锐：挫，折也。老子认为“揣而棁之，不可长保”。故人当磨损其棱角，使之钝化，进而外不伤物，内不伤己。

4 解其分：分，通“纷”，本义为马尾之韬。解其纷，本义即放开马尾之韬，让一切回归自然状态。庄子有“解其天韬”一语，可与此句相参阅。

5 和其光：让光变得昏暗一些，不那么耀眼，故物与物之间的区别就不那么明显。

6 同其尘：尘，秽也。与秽混同，不以清高、洁白自居也。这亦与“知白守黑”“大白若辱”的说法相通。

7 玄同：“玄之又玄，众妙之门”，玄即道也，玄同即道同。以道观之，道通为一。从道的角度看，一切差异皆可泯灭，故称之为玄同。玄同亦可与后来佛法所讲的“众生平等”的思想相通。

日本 木村德应 五百罗汉·岩洞禅定图

第六十九章

导读

本章为王弼本第二十八章，内容比较丰富、复杂，主要是从实践哲学的层面揭示了相反相成的道理，然后又重申了道法自然的基本原则。全章可分作两个大的层次来理解。第一大层着重从实践哲学的层面阐发相反相成的道理，可以细分为三个小的层次：一是知雄守雌，二是知白守黑，三是知荣守辱。第二大层主要申述“道法自然”的原则。老子在价值原则上提倡返朴归真，但在事实层面，他并不否认“朴散则为器”的经验现象。对于此一现象，老子提出因循“朴散则为器”的器物世界里器物与器物之间固有的自然分界线而加以分类管理，像一个得道的大裁缝，不以人的主观意志割裂物与物的界线，而是按照“朴散为器”的自然分界线来管理万物。

老子在实践层面提出的相反相成的道理，有些人将其理解为智术、权谋的行为。从解释学的角度看，这也是经典文本在流传的过程中被接受者加以发挥的一种路径，无可厚非。但在老子的思想体系里并不包涵后世的权诈之意。老子本意要求人们回归朴素、无争的生活状态，不可能要求人们运用智术以实现自己的私人利益。他从实践哲学层面讲相反相成的道理，无非是要求人们明白“反者，道之动”的道理，而且与他自己一贯坚持的贵柔守弱、和光同尘的玄同思想原则是相一致的。

知其雄，守其雌，为天下溪[1]。为天下溪，常德不离，复归于婴儿[2]。知其白，守其黑，为天下式[3]。为天下式，常德不忒(tè)[4]，复归于无极[5]。知其荣，守其辱，为天下谷[6]。为天下谷，常德乃足，复归于朴。

朴散[7]则为器，圣人用之则为官长[8]。故大制不割[9]。

译文

知道雄强的妙处，而坚守雌弱的位置，愿意成为天下万事万物的渊溪。能够成为天下万事万物的渊溪，因而常德就不会离散，最后人的精神境界就可以回归到婴儿的纯朴状态。知道清白的荣耀，而坚守污黑的位置，愿意成为天下万事万物的榜样。能够成为天下万事万物的榜样，常德就不会有差错，最后在精神境界上能回归于道的混沌状态。知道荣耀的美好，坚守屈辱的位置，愿意成为天下万事万物的虚谷。能够成为天下万事万物的虚谷，常德就会保持着自足的状态，最后在精神境界上就回归到质朴的状态。

原始质朴之道离散后就形成了万有的器物世界，圣人因循这自然而然的分离界线而为它们设立管理者。所以真正合道的裁剪不会按照人为的意思切割万事万物。

注释

1 溪：山中水之似潭渊而封闭者也。此为喻词，即为天下万事万物的渊薮。

2 复归于婴儿：喻词，指通过精神的修炼重新回归到婴儿的纯朴状态。

3 式：楷式，榜样。

4 不忒：没有差错。

5 无极：即道也。极，端也。道为混成之物，先天先地，神鬼神帝，而又产生万物。故道没有端倪。

6 天下谷：即天下之虚也。“谷神不死”，即是讲“虚空”作为一种存有形式，神妙万物，能含藏万物，亦能生育万物。天下谷，即

明 张季 林谷秋容图（局部）

作为天下之谷，能藏能生。普通人只知道山有谷，而不知人的生活世界亦有类似山谷的空旷之地。

7 朴散：即原始质朴之道分开，因此而形成万有之器。

8 圣人用之则为官长：用之，因之也，即因循朴散之固有的边界。则为官长，为之设立管理者以领导之，实亦“辅万物之自然而不敢为”之意。

9 大制不割：大制，即合乎道的裁剪。制，裁剪也。不割，不人为地割裂事物，其意思即是遵循事物自然而然的分离状态。这一句话也是以喻证的方式说理的。

第六编 行论

本编包含的十二章，从现代哲学的角度看，主要是老子的实践哲学的内容，具体说来，即是如何运用“道”，或者说运用道来处理人间的诸事务，会有什么样的好结果。

本编有两章讲到“善为士者”的得道者的形象：一是作为得道者的形象，带有某种神秘性；二是作为战争中的指挥者，具备一种从容淡定的大将风度。而本编的最后一章，即第八十一章，主要是阐述作为道之“一”的重要性，以及得道者的形象：宁愿珞珞如石，不愿琭琭如玉。

本书的第八十章，历来注家多从养生的角度来解释、注释之，越讲越神秘。其实老子在此章讲的养生道理并不神秘，只是有文学的夸张成分，以致误导了一些人。如果联系庄子的至人、神人观念，尤其是“不为外物所伤”的养生思想，就可以理解老子“以其无死地”的说法只能是一种理想性的描述，而非真实性的陈述。

本书的第七十八章，向来都受到诟病，认为老子在讲权诈之术。实际上老子讲得很清楚，这些诸侯国国家策略方面的内容是治国的利器，不能拿出来给别人看的，正如当代民族国家都有自己的国家战略一样，属于保密的范围，很难说是阴谋、权诈之术。老子本人讲的“三宝”——慈、俭、不敢为天下先，恐怕才是他讲的治国之道层面的内容。

另外，本书第七十五章讲的“为学”与“为道”的不同，以往很多解释者，包括我本人在内，都把“为学”与“为道”理解为对立的两件事。而这种理解在《老子》的文本中也可以找到内证，即老子认为，足不出户就能知道天道，在外面走得越远，关于道知道得就会越少（本书第六十二章）。但我在从事注释、翻译的过程中发现，“损之又损”与“玄而又玄”在句法上是相同的，为道即是修道，修道即是要不断地剔除人的内在主观想法，而这种精神的修炼法，实际上是“涤除玄览”的另一种说法。因此，我不再把“为学”与“为道”看作是对立的两件事，而是看作不同的两件事。“对立”是“不同”的特例，正如“矛盾”是“差异”的特例一样。而之所以有这样的理解，与傅山将“绝学无忧”理解为“超越学而无忧”的妙解给予的启发有关。如果一个人在学的问题上仅仅停留于知识的增加层次，而不能上达智慧的领悟层面，那么日益增多的知识可能会导致人的真正无知与傲慢，食古不化、两脚书橱、书呆子等，就是“为学日益而不化”的具体表现而已。如何将“为学”与“为道”结合起来？老子的后学庄子在“庖丁解牛”的故事中提出的“技进乎道”的命题，似乎给出了完美的回答。

第七十章

导读

本章为王弼本第三十五章，主要是讲道在实际政治生活中的运用及其产生的良好效果。然而非常遗憾的是，道是不能通过感觉的方式让人了解的，所以人们普遍地不了解依道治国的妙处。本章可分为两层。第一层着重阐述依道治国的可能妙处。第二层主要是感叹世人缺乏对道的领悟能力，实际上，“道”像取之不尽、用之不竭的泉源，依道而行，一切就会有无限的生机。

执大象[1]，天下往[2]；往而不害，安平太。[3]

乐与饵，过客止。[4]道之出口[5]，淡乎其无味，视之不足见，听之不足闻，用之不足既[6]。

译文

坚持以道象的原则治国，天下之人就会归往；天下人归往而没有伤害，天下就会太平。

音乐与小食品，路过的人都会驻足而听而尝。道从人的嘴里出来，平淡而没有任何味道，看也无法见其颜容，听也不能听到其声音，然而依它行事就像有不竭的泉源。

注释

1 执大象：大象，道象也。道象无形而有法则。执，坚持也。全句意思是：坚守大道的原则。

2 天下往：天下之人归往。

3 往而不害，安平太：往而不害，天下之人归往而无所伤害，不以内外、先后区别对待之。不，无也。安，乃也，于是之意。平太，即平泰之意。平，治也，一切依照正常的规则运行。中医称身体正常且没有疾病的人为“平人”。故“平泰”即“太平”的意思。

4 乐与饵，过客止：音乐演奏与饮食类的小商品，路过的客人会驻足听一听，尝一尝。

5 道之出口：此为形象化的论证，意谓“道”这种抽象的哲理通过言语从人嘴里说出来，没有感性的味觉，在视觉上也没有颜色，更不像音乐那样悦耳。

6 不足既：不能够穷尽。既，尽也。

五代十国 周文矩（传）《按乐图》

第七十一章

导读

本章为王弼本第五十二章，在此章里，老子主要阐发如何认识道，然后依道行事，终身无殃的道理。全章可从两个层次来理解。第一层主要阐发认识道的重要性，以及依道而行，终身无殃的道理。第二层着重从方法的角度阐发了依道而行与背道而行的两种截然相反的结果，告诫人们应当“习常”，以保证终身无殃的美好结局。“习常”是老子在实践哲学层面对人提出的要求。这一思想要求人们将形上之道贯彻到人生的实践之中，使之为人生带来平安的结局。由此可知，老子的形上学、认识论与伦理学具有内在的一贯性。

天下有始[1]，以为天下母[2]。既得其母，以知其子；既知其子，复守其母，没身不殆[3]。

塞其兑，闭其门，终身不勤[4]。开其兑，济其事[5]，终身不救[6]。见小曰明[7]，守柔曰强。用其光[8]，复归其明，无遗身殃，是为习常[9]。

译文

天下的开始处，将其视为天下万事万物的母亲。我们既然已经知道天下万事万物的母亲，因而就了解其孩子了；［反过来，］既然已经了解其孩子［的来源］，就应当重新回到坚守其母的原则上来，这样直到身死也不会有危险。

堵塞感知的进出口，关闭感知的门径，终身没有忧患。打开感知的进出口，人为地做成某些事情，终身都不会得到天道的帮助。能明白道的法则就称为智慧，长期地坚守柔弱的位置就称之为真正的坚强。因循道的不昏不昧之光，［从世俗的小智状态］重新回归到合道的智慧状态，就不会给自己带来直接的祸殃，这就叫作实践常道。

注释

1 有始：即“之始”。有，介词。始，开端。无名的状态，有物而混成的状态。

南宋 鲁宗贵（传） 鹅图

2 天下母：喻词也，即天下万事万物之开端。后文“其子”，亦是喻词，即是“朴散则为器”的万有器物也。

3 不殆：没有危险、祸患。

4 不勤：不忧也。勤，忧也。

5 济其事：意谓通过主观的人为方式完成某事。济，成也，遂也。

6 不救：救，助也。不救，即无助也。

7 见小曰明：小，道之别名。本书第十一章云：“朴虽小，天下莫能臣也。”又本书第五章云，道“常无欲，可名于小”，是为例证。“见小曰明”，即知常曰明。

8 用其光：即因循道的不昏不昧之光。

9 常：道也。与“归根曰静，是谓复命，复命曰常”之“常”意思相同。

第七十二章

导读

本章为王弼本第十六章，在此章里，老子阐述了极为丰富的实践哲学思想，大体上可分三个层次来理解。第一层是讲修身的哲学，通过“致虚极，守静笃”的过程及其所能达到的认识境界，可以看到万物并生的现象背后隐藏着万物复归于道的周而复始的大循环的本质。第二层主要通过对万物向道回归过程的描述，阐发思想表达的概念逻辑，即归根与静、静与复命、复命与常、知常与明的内在逻辑关系。从语言的形式看，老子采用的修辞手法是顶针的手法。从思想的角度看，老子在此层主要揭示的是思想的概念逻辑形式。第三层主要是从实践哲学的角度揭示不知常与知常的两种认识在实践上所造成的两种不同的结果。不知常，就会产生凶险的结局；知常，就会与道同行，终身没有危险。由此可见，老子哲学的认识论始终与人生的实践效果相联系，因而带有极强的实践性特征。

第三层中所体现的实践哲学效果链，语言形式上仍然采用了顶针的修辞方法，从思想的角度看，其实也是其实践哲学的思想逻辑层次。由容到公，由公到王，由王到天，由天到道，是一个思想境界与实践效果不断递进的过程。而伴随着这种递进，其最终的人生效果就是长生久视，终身平安。

第三层中“乃”字表达的实际上是一种逻辑上的可能性，而不是现实性。因为从“知常”的认识境界到真正宽容胸襟的养成还需要时间，真理性的认识与德性的养成并不是直接的对应。老子哲学具有原则上的正确性，但在细节上保留着很多可以进一步丰富的理论空间。

致虚极，守静笃，[1]万物并作[2]，吾以观复[3]。

夫物芸芸，各复归其根[4]。归根曰静，是谓复命[5]。复命曰常，知常曰明[6]。

不知常，妄作，凶。知常容[7]，容乃公[8]，公乃王[9]，王乃天，天乃道，道乃久，没身不殆。

译文

追求极致的虚空，持守厚实的道静。万物一起生长，我却从此审视万物的复归。

那众多的万物啊，都各自复归到它们的根源。万物复归根源的现象就叫作静，也因之称为复命。复命叫作常，人们知道常就叫作明。

如果人们不知道“常”，随意地作为，将会导致凶险。知道常就可让人心胸宽容，心胸宽容就可以达到大公，大公就可以实现大全，大全就可以达到与天同体，与天同体就可以与道同体，与道同体就可长久，直到身死也不会出现危险。

注释

1 致虚极，守静笃：致，求也。致虚，为虚也，即将人心中的各种不合道的主观欲望、念想涤除干净。老子主张虚其心而实其腹，故致虚，实即虚其心中的主观欲望与念想。极，副词。达到极致，最高的程度。守，坚持也。静，道也，与“归根曰静”之“静”意思相同。老子所言之静非今日现代汉语中的安静之意。笃，副词，达至厚实、不可动摇的境界。

2 并作：一起生长。作，起也，兴也。

3 观复：即仔细审视道的回归性运动法则。观，谛视也。“反者，

元 佚名 柳瓶观音像图

道之动。”复，实亦道的回归性的运动。

4 根：道的代名词。母、朴等，都是道的代名词。此处着重从起源意来阐述道的一种属性。

5 复命：回归到道的绝对命令与要求上来。

6 明：智慧。

7 知常容：容，容受，包也，宽也。容与虚可互释。得道之人，心胸宽广，虚怀若谷，故可曰容。

8 公：无所私爱也。

9 王：此字疑是“全”字之误，意思是遍包万物而无所遗。

第七十三章

导读

本章为王弼本第十五章，主要阐述了古代理想中的士者形象，其士者形象实际上是得道者的另一种表述。如果说孔子改变了古代“君子”一词的意思，使之由代表政治身份的人物转化成一种理想的道德人格形象，而此处老子则改变了古代“士”一词的意思，使之转化为一种得道者的形象。

本章可从两层来解读。第一层主要通过形象描述的方式揭示“古之善为士者”立体、丰富的精神诸面向。第二层主要在此基础上追问更为深刻的哲学道理，进一步揭示得道、守道者能够以道为榜样，浊而静之徐清，安而久动之徐生。而且正因为能够持守恒古大道，故能持旧貌而日新其德。

本章“孰能浊以静之徐清？孰能安以久动之徐生？”两句，历代注家意见纷纭，其主要原因有两点：一是未能结合本章的整体意思来训释此两句，二是未能紧扣老子道论、德论思想来训释此两句。本书的训释与翻译不同于历代注家，正是坚持了从整体到局部的解释学原则。

古之善为士者[1]，微妙玄通，深不可识。夫唯不可识，故强为之容[2]。豫焉[3]若冬涉川，犹兮若畏四邻，俨兮其若容[4]，涣兮若冰之将释[5]，敦兮其若朴[6]，旷兮其若谷[7]，混兮其若浊[8]。

孰能浊以静之徐清？[9]孰能安以久动之徐生？[10]保此道者不欲盈[11]。夫唯不盈，故能蔽而新成[12]。

译文

古时候善于做“士”的人，微妙而深达于道，不能够完全地认识他。正因为不能够完全地认识他，所以只能勉强地用形象来描述他。他小心谨慎像冬天行走于河流之上，警觉戒慎像敬畏四周的邻国一样，严肃拘谨像在他人家做客一样，消解自我于大众之中像春天时节冰慢慢地化为水一样，敦厚朴实得像未经雕琢的木材一样，胸怀宽广得像山谷一样，混然不分像一潭浊水一样。

谁能够既像浊水又能心静而达到道之清静呢？谁能够既安宁又活力长久而达到道之舒徐地生长万物呢？大概只有保守此道而不想让事物达到鼎盛的人吧。只有让事物不达到鼎盛状态，才能够做到常旧而常新。

注释

1 古之善为士者：士，帛书乙本作“道”。本书从王本，不改。此实为老子以托古的方式阐发自己的理想人格，意谓古时候善于保持士的形象与身份的人。而“善为士”的善士形象，实是得道人的形象，亦是同于道、同于德的士人。

2 强为之容：勉强地为他做一刻画与描写。容，以形象的手法为之刻画与描写，而不是概念式的定义。

3 豫焉：即犹豫的样子。下文“犹兮”与此意思相同，都是用来刻画“善为士者”做事谨慎的一面。

4 俨兮其若容：俨，衣冠整齐的样子。容，当作“客”字。

5 涣兮若冰之将释：春季之时，冰将融化时那样悄无声息的变化，融于水中，不着痕迹。此句喻“善为士者”将自己融于众人之中，亦是“和光同尘”之意。

6 敦兮其若朴：敦，厚也，实也。朴，树木伐倒而未制成器皿的原始状态。喻善为士者的古朴纯真之情。

7 旷兮其若谷：指古之善为士者的胸怀像山谷一样空旷。

8 混兮其若浊：老子反对世人察察、昭昭，提倡和光同尘，故善为士者能包容各种不同性质的东西，其德仿佛浊水。

9 孰能浊以静之徐清：孰，谁也。能浊以静，能够保持混浊的样态而又能够保持道之静。以，作为连词，而也。“故大国以下小国”句中“以”字，俞樾认为即与“而”相通。清，道之清静也，“清静以为天下正”，故“清”非水之清澈意义上的清。

10 孰能安以久动之徐生：安以久动，安而久动也。道之运行无声无息，周行而不殆，故曰安而久动也。《诗·周颂·维天之命》：“维天之命，於穆不已。”老子此言，大旨与之相近。徐生，道生万物，按照季节、类型来依次展开，不是暴生暴长。全句意谓：谁能效法道无声无息地运行而让事物按照它们固有的节律生长呢？

11 盈：满也。引申为鼎盛状态。

12 能蔽而新成：蔽，旧也。能蔽，即守道也。新成，日新不已也。能蔽而新成，即是说能持守恒古之道则能日新不已。夫物芸芸，新成也。各复归其根，归于道也。

清 金廷标 冰戏图（局部）

第七十四章

导读

本章为王弼本第二十七章，是老子实践哲学的重要内容之一。上一章以托古的方式塑造了一个“古之善为士者”的形象，寄托了老子的理想人格。本章则以老子理想中的圣人形象阐述了道家做人、做事的理想性原则与效果，并以“不贵其师，不爱其资”的“大迷”之人作为反面形象告诫人们，千万不能这样地做人、做事。本章可从三个层次来理解。第一层中老子提出了五种善于做事的标准。而第四、第五两个善于做事的标准，可与“善建者不拔，善抱者不脱”相呼应。其深层次的意思均是以合乎道的方式来做事，才可以称之为“善×”的。第二层讲圣人合乎善行的标准，故有好的效果。第三层引申性论述，辩证地阐述了善人与不善之人对人的行为的意义，告诫人们，如果一个人既不师法善人，又不能从不善人的行为中吸取教训，则将会是一个执迷不悟的人。

善行无辙迹[1]，善言无瑕谪[2]，善数不用筹策[3]，善闭无关楗（jiàn）[4]而不可开，善结无绳约[5]而不可解。

是以圣人常善救人[6]，故无弃人；常善救物，故无弃物，是谓袭明[7]。

故善人者，不善人之师；不善人者，善人之资。不贵其师，不爱其资[8]，虽智大迷，是谓要妙[9]。

译文

善于行动的不留下车辙痕迹，善于发布政令的不留下瑕疵，善于计算的不使用筹策一类的计算工具，善于关闭的不用机关而人们无法打开，善于把物捆绑在一起的不用绳索而人们无法解开。

因此圣人经常善于帮助一切类型的人［让他们成就自己］，所以没有废弃无用的人；经常性地善于帮助万物［让它们实现自己的价值］，所以没有废弃的事物，这种做法就叫遵循智慧。

因此那些善人，是那些不善人的老师；那些不善人，是善人的借鉴。[如果一个人]既不尊重可为人师的善人，又不珍惜可供他借鉴的不善人，即使自以为聪明而实际上是个大糊涂蛋，上述所言正是玄而又玄的道之核心啊。

注释

1 善行无辙迹：此句表面意思即是说，善于驱车行走的人不留下车轮的辙迹，实际上是以道行于万物之中而不留痕迹为标准，喻论侯王做事不给后人留下有形的规则，以免束缚后来者。《庄子·天道》中“轮扁斫轮”的寓言所讲的道理可与此相参酌。下面四句的善言、善数、善闭、善结，都是以合乎道的要求为标准来衡量言、数、闭、结之恰当。

2 善言无瑕谪：言，政令文告也。瑕谪，疵瑕也。意谓侯王当以身教为教，而不以政令文告晓谕百姓，故无政策之瑕疵也。此即是老子理想中的德政。

3 筹策：古代用来记数和计算的器具。筹为筹码，策为蓍之茎，亦为筹。

4 关楗：即机关、开关也。

5 绳约：即绳索的束缚捆绑。

6 救人：助人也。

7 袭明：即遵循已经被认识了的道。老子云：“复命曰常，知常曰

南宋 林庭珪 五百罗汉之应身观音图（局部）

明。”

8 不爱其资：资，指不善人。老子不否定、不抛弃不善人。如本书第八章，老子云：“道者万物之奥，善人之宝，不善人之所保。美言可以市，尊行可以加人。人之不善，何弃之有！”

9 要妙：即玄之又玄的道之奥妙。

第七十五章

导读

本章为王弼本第四十八章，主要阐述经验性的知识习得与以道为依归的做事方法之间的根本区别。经验性的知识习得，其结果是知识的增长。而以道为依归去做事，则不断地剔除个人主观性的意愿与想法，最终完全达到依道而行，没有任何人为的主观臆想的成分，进而就可以实现人的目的。如果将“道”理解为规律，则老子强调的是通过合规律的方式实现人的目的性要求。将这一抽象的做事原则施行到政治生活之中，要实现拥有天下的远大政治目标，就应该遵循“无为”的法则，否则就不可能实现“拥有天下”的政治目标。

全章可从两个层面来理解。第一层着重阐述“为道”原则的根本方法是不断地做减法，即减损人的主观意志与妄想，以及按照这一减法所能达到的最大效果：无为而无不为。这一层主要是通过“为学”与“为道”方法的对比以显示“为道”方法的特征及其妙处。第二层则是将这一普遍的原理运用到政治领域，告诉侯王如何按照这一原理去获得主宰天下的梦想。

就老子思想中的经验知识与根本之道的关系而言，老子主张"绝圣弃智"，主张足不出户而见天道，认为人们在经验世界里获得的知识越多，其关于道的理解就越少。因此，在老子的思想体系中，的确隐含着轻视经验知识的思想倾向。这一思想对于当今重视科学、重视人类文明进步的主流文化而言，的确有反智的倾向。但是，老子"为道日损"的思想中隐含着要求我们倾听大自然的声音，遵循大自然自身整体性的法则的智慧，这一智慧在今天看来仍然是有价值的。今日科技的高度发达，一方面给人类带来了很多可欲的东西与更大的欲望，同时也正在将人类引向一个危险的边缘。而美国为了主宰当今的世界，不断地制造各种麻烦，挑起局部战争，这一点恰恰使它无法实现领导天下的目的。因此，我们比任何时候都需要倾听老子的智慧性的声音。

为学日益[1]，为道日损[2]。损之又损[3]，以至于无为，无为而无不为。

取天下常以无事[4]，及其[5]有事，不足以取天下。

译文

从事于经验知识的学习，每天知识都在增长；从事于道的修为，每天都在减少自己的主观意志。减少了再减少，最后达到无为的境界，能够达到无为的境界就可以实现无所不为的效果。

要获取天下的领导权，应当以合乎道的方式不滋生事端，一旦需要依赖不断地滋生事端［的方式显示自己的力量］，就不能够获取天下了。

注释

1 为学日益：为学，经验知识的获取。此处主要指周代礼乐文明类的知识。日益，每天都在增加。

2 为道日损：为道，即按照道的要求来约束自己。日损，每天减损自己的主观性想法。

3 损之又损：即损而又损，意思是不断地剔除人的主观臆想，与“涤除玄览”可参看。其句法结构与“玄之又玄”一句相同。

4 取天下常以无事：常以无事，即常以无为。全句意为：获取天下的主宰权，其合乎道的方法是凭借无为。

5 及其：一旦。

清 王震 读书图轴（局部）

第七十六章

导读

本章为王弼本第六十三章，着重从实践的角度讲尊道的原则。全章可从三个层次来理解。第一层着重阐述“无为”，重视事物开端、遵守俭约与报怨以德的三大原则。第二层集中阐述谋事于开端，成就大事重视细节的做事原则。第三层在“大小”“多少”的原则基础上更进一步得出“轻诺必寡信，多易必多难”的人生经验，从而为人在生活实践中如何判别信士，如何对容易之事保持谨慎的心态提供了一个很好的座右铭。

该章提出的“报怨以德”的为人处世原则，似乎受到了孔子的质疑。孔子认为，应“报怨以德”，那“何以报德”呢？孔子提问的前提是“回报”应当是对等的，正如《诗经》所言：“投我以桃，报之以李。”因此，孔子提出了“以直报怨”的原则，以回应老子的“报怨以德”的原则。不过，要深入理解老子“报怨以德”的思想原则，关键在于正确理解老子之“德”与孔子之“德”的差异。老子所说的“德”是“道”的具体化，所谓“孔德之容，惟道是从”。老子又说：“上德不德，是以有德；下德不失德，是以无德。”故老子讲的“报怨以德”，实际上是“报怨以道”，即以合道的方式来报怨，其原则中的“德”字既不是儒家意义上的“恩德”，更不是现代汉语中的“恩德”。

为无为[1]，事无事[2]，味无味[3]。大小[4]多少[5]，报怨以德[6]。

图难[7]于其易，为大[8]于其细；天下难事必作于[9]易，天下大事必作于细。是以圣人终不为大[10]，故能成其大。

夫轻诺[11]必寡信，多易[12]必多难[13]。是以圣人犹难之[14]，故终无难矣。

译文

致力于无为，从事于无事，品味那没有味觉的道。重视细小，尊重俭少，用上德去回报那施我以怨之人。

谋划难事从其容易做的地方入手，成就大事从其细小的地方入手。天下困难的事情一定要从其容易的地方做起，天下伟大的事情一定要从其细小的地方入手。所以圣人自始至终都不直接去处理已经成形的大事，所以能够做成他们的大事。

那些轻意向人许诺的人一定是少有诚信的，轻忽容易之事的人一定会遇到很多困难。所以圣人经常性地对细小、容易之事保持一颗谨慎之心，所以他们最终就没有任何困难之事。

注释

1 为无为：为，做也。无为，不以人的主观意志来行事，即依道而行也。

2 事无事：事，从事于某事，亦做也。无事，无为的另一种说法，不故意挑起事端。老子说“取天下常以无事”，即此意也。

3 味无味：味，品味也。无味，“道之出口，淡乎其无味”，“无味”即代指道。品味道，即体知道。

4 大小：大，动词，张大，凸显，重视。小，细也，微也。下文“为大于其细”，即是重视事件开端的萌芽状态，亦即是“大小”之意。

5 多少：多，动词，尊重。少，数之少也，实指一些少数之原则也。与“俭”之意相通。老子说“吾有三宝”，三，数之少也。又，老子说“多则惑，少则得”“圣人抱一，为天下式”，这些都是老子讲的“少”。

6 报怨以德：用“上德”去回应怨恨自己的人。老子云：“善者，吾善之；不善者，吾亦善之：德善。”这就是老子“报怨以德”的基本思想。老子又说："道者万物之奥，善人之宝，不善人之所保。"与此意思亦同。另外，老子又指出，"和大怨，必有余怨，安可以为善？"人间的大怨即是"道怨"，如秋肃冬杀，是不能用和解的方式来处理的，必须依道而行，顺其自然。孔子提倡"以直报怨"，否则我们无法报答对我们有恩的人。老子与孔子是在不同的语境下来讨论如何回应对我们有怨恨的人。相比较而言，老子是以冷静的方式处理此一问题的，孔子是以儒家信奉的"亲亲互隐"的伦理原则来处理此一问题的。韩非子尚法思想中表现出的冷酷一面，与法的客观性有关，是老子尊道思想极端化的结果。

7 图难：图，谋划，筹划。难，困难之事。

8 为大：从事于大的事业，或准备做一件大的事情。

9 作于：起始于。

10 终不为大：自始至终都不直接处理已经成形的大事，往往是从事物开端处就着手处埋了。

11 轻诺：轻易地、不慎重地许诺。

12 多易：多，轻忽之意，与下文"多"字意思不同。此处体现了老子语言的神妙之处。多易，即轻忽容易之事。

13 多难：多，增多。多难，产生许多困难。

14 犹难之：犹，豫也。之，代词，代指上文中的细小、容易之事等。即对细小、容易之事抱有一种谨慎之心。与“多易”相反。

宋 佚名 唐太宗立像

第七十七章

导读

本章为王弼本第六十四章，主要有两层意思。第一层是讲事物在开端处，未形成气候的端倪状态，容易处理。由此又进一步申述了事物渐变的道理，告诫人们要从细节处，从事物发展的过程来把握这个世界的具体事件。第二层则进一步地论述了“慎终如始”的做事原则，主要强调了对事物发展全过程的关注。这两层论述之中共享了“时间”的原则。老子非常重视“时间过程”对于事件的影响。要处理困难之事，必须从事物萌芽状态入手。要把一件事情做成，则需要长时间的耐心与专注力。前者是“时机”的问题，后者则是由于时间的过程引起的人的注意力与心理状态变化的问题，因此可以称之为“时效”的问题。

第二层的意思比较复杂，一是重申圣人法自然的根本原则，二是讲普通人做事不能慎终如始，往往在事情接近成功的时候却失败了。该部分文字，陈鼓应等人以为是错简窜入此章，新出土的北大汉简本分为二十七、二十八两章，连缀在一起。王本将其合为一章，或许有道理。

此章的第二层似乎与老子“大成若缺”的观念有所不同，因为老子在此处是追求“事成”的，而且对于普通人经常在事情接近成功的时候而失败了的现象表示惋惜。实际上，老子讲的“大成”，即是“道成”的意思，亦即是《周易》最后两卦所说的“既济”与“未济”的关系。普通人所做具体之事完成，是小成，是既济。但从事物发展的过程来看，这种“小成”并不是最后的完成，放在时间的长河来看，还会有新的要求出现。因此，“大成若缺”是把所有事件放在一个历史的过程中来审视，故其所成都不是最后的完成。而此章所讨论的“事成”是单独就某一件具体的事件而言的。故老子在有关“事成”的道理上并没有自相矛盾。

其安易持[1]，其未兆[2]易谋。其脆[3]易泮(pàn)[4]，其微易散。为之于未有[5]，治之于未乱。合抱之木，生于毫末；九层之台，起于累土[6]；千里之行，始于足下。

为者败之，执者失之。是以圣人无为，故无败；无执，故无失。民之从事，常于几成而败之。慎终如始，则无败事。是以圣人欲不欲，不贵难得之货，学不学，复众人之所过[7]。以辅万物之自然[8]，而不敢为[9]。

译文

一种有序的社会容易把握，一些没有成形的事件容易谋划。一些处于柔弱状态的事情容易除灭，一些微小状态的事情容易解散。从一些还未成形的状态入手做事情，在还未乱象丛生的时候就开始治理活动。树干用人的双手才能围住的大树，也是从小树苗长成的；九层高的露台亭榭，也是从堆积的［第一筐土］起步的；一千里远的路程，也是从迈开第一只脚开始的。

按照人的主观愿望行事将会失败，执着于手中的所有将会失去所执。所以圣人道法无为，因而没有失败；不执着于手中所有，因而没有什么可丧失的。普通人做事，常常在接近成功的时候失败了。就像在事情开始时那样认真，并在事情结束时仍然保持谨慎，就不会把事情搞砸。所以圣人想要的就是没有个人的欲求，不抬高难得宝贝的价值，以不学习礼乐知识为自己学习的内容，从众人所犯的过失上面退回到道的法则上面来。顺应万物自然而然的法则，从来不敢凭主观愿望做事。

注释

1 其安易持：安，治也。持，把握也。

2 未兆：此处指古代龟卜过程中，龟甲还没有用火烧而显示出征兆。故“未兆”意即还没有明确形式的征兆。有了这种明确形式的征兆，剩下的事情就是巫师的解释问题了。与今日现代汉语讲的事情还没有显露出征兆的意思并不相同。

3 脆：柔弱也。老子云：“万物草木之生也柔脆，其死也枯槁。”（本书第五十九章）

4 泮：帛书甲本作“破”。破，灭也，坏也。

5 为之于未有：未有，即一件困难之事或祸乱之事还未形成气候时的萌芽状态。后来《黄帝内经》强调“治未病之病”，在医学原理上亦受此启发。

6 累土：即堆积之土。累，堆积。

7 复众人之所过：复，回到。复众人之所过，即从普通人按照主观意志做事的习惯上退回来，意思是说从不遵守大道的过失的道路上退到遵循大道的正路上来。

8 辅万物之自然：辅，佐也，佑也，即顺应之意。顺应万物自然而然的本性。

9 不敢为：不敢凭借主观意识行事。

元 夏永 滕王阁图

第七十八章

导读

本章为王弼本第三十六章，主要内容是阐述行动中的辩证法，并将这种行动的辩证法视为国之利器，不能轻意地拿出来给别人看。全章可分为两层。第一层即前面四种行动中的辩证法，老子将其归结为“微明”，即合乎道的明察，权且也称之为智慧。第二层主要是从治国的方法角度来考虑的，认为这种行动的辩证法是治国的利器，即非常具有杀伤力的工具，不能轻意向别人吐露。这似乎可以与当今世界的国家战略意图相媲美。老子以形象的比喻说明国之利器不能离开自己的手中，正如鱼不能离开深渊。鱼一旦离开深渊，就会被别人捉走。国家利器暴露了，自己的国家就会失败。此章中提到的“柔弱胜刚强”，实际上是讲故意处于一种柔弱的状态，一是不让自己骄傲，二是用来麻痹敌人。

将欲歙(xī)之[1]，必固张之[2]；将欲弱之[3]，必固强之[4]；将欲废之[5]，必固兴之[6]；将欲夺之[7]，必固与之[8]。是谓微明[9]。

柔弱胜刚强。鱼不可脱于渊，国之利器[10]不可以示人。

译文

将要收拢某种东西，一定先要有意地打开它；将要削弱某种东西，一定先要故意地使它变强大；将要废置某种东西，一定先要故意地让它兴盛；将要获取某种东西，一定先要给它一些东西。这就叫作深奥的智慧。

柔弱可以战胜刚强。鱼不能够离开深渊，国家的重要器具不能够轻意地拿给别人看。

注释

1 歙之：歙，关闭、收拢。之，代词，代指所要关闭的对象。下文七个“之”字意思与语法功能相同。

2 张之：打开。

3 弱之：使之弱，削弱。

4 固强之：固，通“故”，有意地，作副词。强，使之变得强大。

清 金廷标 濠梁图（局部）

5 废之：使之废弃。

6 兴之：提倡，使之变得很兴盛的样子。

7 夺之：获得，拿过来。

8 与之：给予。

9 微明：微，见小曰微。见小即见道，故微明即合乎道的明察，权且也称之为智慧。

10 利器：代指上文所说的一些具体的政治术。

第七十九章

导读

本章为王弼本第六十八章，主要阐述实践性的智慧，即如何做事。“古之善为士者，微妙玄通”，绝对不以一种固定的形式展现自己的形象，只要表现为固定的“武”的形象，就不可能是善为士之辈了。而“武”所呈现的是一刚强的形象，更不可取。本章所讲的善为士、善战、善胜敌、善用人等，都是以合乎道为法则的。而合乎道的法则即是不强行与人争一时之气，而是应当找到克敌制胜的有效法则。凡是强行依靠人的主观愿望来做事，不合乎道的要求，最终都会失败的。故此章所讲的配天、古之极，都是讲要合乎道的要求。

此章中“不与”一词，历来争论颇多，高明《帛书老子校注》本解释最详。“不与”之“与”即“相当相敌”的人。毛泽东创造的“集中优势兵力，各个歼灭敌人”的战争原则，与老子的军事思想似乎高度一致。

善为士者不武[1]，善战者不怒[2]，善胜敌者不与[3]，善用人者为之下。是谓不争之德，是谓用人之力，是谓配天[4]，古之极[5]。

译文

善于做士的人不自逞雄强，善于作战的人不动怒气，善于战胜敌人的人不与势均力敌的对手硬拼，善于用人的领导总是表现为谦下。这就叫作不争的德性，这就叫作善于借用他人的力量，这就叫作合乎天道，这是亘古以来的神圣法则。

注释

1 武：与“文”相对，指一种蛮力。

2 怒：发怒、动气。

3 不与：即不争也。古者与力量对等的敌人交战曰“与”。

4 配天：即合乎天道的法则。配，匹也，合也。

5 古之极：古，即道也。道在时间性上最为古老，先天地而生，不古而何？极，根本法则也。古之极，即亘古之法则，亦即不变之法则，与今人讲的永恒之法则相似。中国古人之所以喜欢讲

南宋 佚名 天王图（局部）

“古之极”，是因为他们相信，只有经时间检验过的正确东西才是可靠的。中国古人一般很少讲绝对、永恒等超时间性的、涵盖未来的法则，他们认为自古以来的可靠法则，在当下、未来应当也是有效的。

第八十章

导读

本章为王弼本第五十章，主要讨论人类的生死存亡问题，其核心思想在于反对“生生之厚”，告诫人们，如果想长寿，只能是让整个生命没有“致死”的弱点可以让外物攻击，这样就可能长寿了。本章可分为两层来理解。第一层是现象的描述，讲寿终正寝者与短命而亡者各占十分之三，而由于人们过分养生导致死亡的又有十分之三，剩下的十分之一者，老子没有明说，可能是指那些尊道贵德而获得长寿的人。

本章所说的“善摄生”者，是因为他的整个生命没有“致死”的弱点可以让外物攻击，意思颇为模糊，带有神秘的意味，为后来的道教徒留下了广阔的解释空间。在《庄子》一书中，庄子多处所说的至人、神人，都是不为外物所伤的人，亦是老子在此章所说的“以其无死地”的意思。依老子、庄子的基本思想而言，能尊道贵德，无过分的欲望与妄念，顺其自然，就可以达到“物无所伤”的境界了，因而也就可以长寿了。老子、庄子这样思考人的长寿问题，严重地忽视了人在社会之中生活的事实，有些事情是被强迫的，像在巨大的战争与战役中死去的人，其寿命就不完全是由自己来决定的。从这一角度来说，荀子批评庄子的思想是“蔽于天而不知人”，是十分深刻的，此话也适用于批评老子思想中的不足之处。

出生入死[1]。生之徒十有三[2]，死之徒十有三。人之生动之死地，亦十有三。[3]夫何故？以其生生之厚[4]。

盖闻善摄生者[5]，陆行不遇兕虎[6]，入军不被甲兵[7]，兕无所投其角，虎无所措其爪，兵无所容其刃[8]。夫何故？以其无死地[9]。

译文

离开生的根基就进入死亡之地。寿终正寝的一类人占十分之三，短命而亡的一类人占十分之三，为追求长寿而结果更快地死亡的一类人，也占十分之三。这是什么缘故呢？是因为那些追求长寿的人太过于养生了。

曾经听说过善于控制自己生命的人，在陆地上行走不被兕虎攻击，进入战斗行列不被甲兵攻击，牛兕找不到用角去攻击他的地方，老虎找不到用爪去攻击他的地方，武器找不到用锋刃去攻击他的地方。这是什么缘故呢？因为他的整个生命就没有任何可以致死的地方。

注释

1 出生入死：出，离开。入，进入。离开了生的根基就进入了死亡之地。

2 生之徒十有三：生，让人活下来。徒，某一类的人。十有三，十分之三。下两句的“十有三”亦是此意。老子此句以概数来说明生、死的概率大体上是差不多的，各占十分之三。生之徒，即自然而然地活着，寿终正寝者。而下文的“死之徒”，即是指不幸短命而亡的一类人。

3 人之生动之死地，亦十有三：人之生，人向往生，自觉地要追求生之机会。动之死，结果由于人追求生的意志而引起死亡的行为结果。这种死亡的概率也是十分之三。这样一来，实际上正常与不正常的死亡加在一起，其概率就上升到十分之九了。如果以十为整数，还有一分在哪里呢？老子没有说。陈鼓应认为，这十分之一的人，即是少数的得道的长寿之人。但老子时代，是以十为完整的观念，还是以九为完整的观念，不能断然决

宋 佚名 寿星轴（局部）

定。陈氏之说，可谓妙解，且备一说。

4 生生之厚：第一个“生”字为动词，人为地追求生。之厚，达到了一种过分的状态。

5 善摄生者：善于控制自己生命的人。

6 兕虎：即犀牛与老虎。

7 不被甲兵：不遭遇甲兵的攻击。

8 兵无所容其刃：兵，武器。武器没有施展锋刃的地方。

9 无死地：没有可以致死的地方。

第八十一章

导读

本章为王弼本第三十九章，主要是从数字“一”的角度阐述“道”之小、基础、统一诸种意思。在老子时代，“一”作为基数，是最小的数字，故有数之开端的意思，而道亦作为天地万物之开端，故二者有类似性。而“道常无欲”，万物归焉而不为主，可名于小。“一”作为数之小，亦与道有性质上的相似性。故本章以“一”作为道之代名词，阐述世界统一于道的原理。全章可分为两层。第一层主要从正反两个方面阐述“一”的重要性。第二层是引申性的论述，主要从“一”代表物之始端、弱小的性质阐述人世间做事、做人、为政的道理，尤其是对追求“数舆”行为的批评，主张保持一种质朴的人生状态，这是老子返朴归真的人生理想的体现。

昔之得一[1]者，天得一以清[2]，地得一以宁[3]，神得一以灵[4]，谷得一以盈[5]，万物得一以生[6]，侯王得一以为天下贞[7]。

其致之[8]，天无以清将恐裂[9]，地无以宁将恐发[10]，神无以灵将恐歇[11]，谷无以盈将恐竭，万物无以生将恐灭[12]，侯王无以贵高将恐蹶（jué）[13]。

故贵以贱为本，高以下为基。[14]是以侯王自谓孤寡不榖。此非以贱为本邪？非乎？故致数舆无舆[15]。不欲琭琭（lù lù）[16]如玉，珞珞（luò luò）[17]如石。

译文

远古之时有得“一”诸物，如天获得“一”而清静，地获得“一”而安宁，神获得“一”而灵明，山谷获得“一”而充实，万物获得“一”而拥有生机，侯王获得“一”而成为天下的主宰。

由这些就可以推论之，天不得一而清静就会分裂，地不得一而安宁将会废弃，神不得一而灵明将停止作用，山谷不得一而充实将会枯竭，万物不得一而拥有的生机就会灭绝，侯王不得一就不能高贵，其主宰的天下将会被颠覆。

所以高贵者要以低贱者为其根本，高位要以低下为其地基。因此侯王自称自己为孤、寡、不穀之人。这莫非就是以低贱为根本的道理啊？难道不是吗？所以多次地获得荣誉而实际上是没有荣誉的。不要珍贵得像玉一样，不如像珞珞之石那样粗砺更好。

注释

1 一：数之最小者，喻物之开端的统一、混一不分之状。此处代指道。《庄子·天下》篇“明于本数，系于末度”一句的“本数”，当指此“一”。

2 清：静也。清静以为天下正。

3 宁：安也。

4 灵：明也。

5 盈：充实也。

6 生：获得生机。

7 贞：正也，天下人行为之标杆也。引申为主宰者。

8 其致之：其，代词，代指上文所言“昔之得一”诸事。致之，自然地达到如下的结果。之，代指后文所言六事。

9 天无以清将恐裂：无以，当为“无一以清”之省略。王弼注云：“用一以致清耳，非用清以清也。”王注提醒后人，此句中“无以清将恐裂”，非指没有“清”导致天将崩裂，而是说天不得一而后清则将崩裂。后五句中“无以”一词意思与此句相同。裂，分离。老子认为，天中日月星辰诸物，若无“一”为其根据则将四分五裂。17世纪英国科学家牛顿用“万有引力”的科学观点解释宇宙中众星系之间的联系。20世纪宇宙学理论用“大爆炸”理论解释宇宙间众星系之间的联系。老子则是用思辨的哲学之“一”来解释宇宙间众物之间的统一。因此，世界的统一与联系问题，既是亘古的哲学问题，也是常新的科学问题，只是解题的方式不一样。

10 发：通“废”，弃置，无用也。

11 歇：停息也。

12 灭：绝迹也。

13 蹶：跌倒。引申为王位被颠覆。

14 贵以贱为本，高以下为基：“一”作为基数，与万物之“万”比起来，可称之为“小”；万丈高台起于平地，“一”又可称之为“下”。故此两句虽然语意有所跳跃，然在哲理上是内在一贯的。

15 致数舆无舆：舆，借为“誉”，荣誉。致数舆，得到多次的荣誉。无舆，没有荣耀。老子讲“少则得，多则惑”，得“一”足矣。而得“一”即得道也。

16 琭琭：珍贵之貌。

17 珞珞：粗砺之貌。

明 陈洪绶 梅石图（局部）

附录　本书章次与王弼本之对照表

本书	王弼本	本书	王弼本
第一章	第二十五章	第十五章	第三十八章
第二章	第一章	第十六章	第五十五章
第三章	第四章	第十七章	第十八章
第四章	第十四章	第十八章	第十七章
第五章	第三十四章	第十九章	第五十三章
第六章	第四十章	第二十章	第十二章
第七章	第四十二章	第二十一章	第十三章
第八章	第六十二章	第二十二章	第二十九章
第九章	第六十七章	第二十三章	第七十七章
第十章	第三十七章	第二十四章	第五十四章
第十一章	第三十二章	第二十五章	第四十九章
第十二章	第四十一章	第二十六章	第五十七章
第十三章	第五十一章	第二十七章	第五十八章
第十四章	第二十一章	第二十八章	第五十九章

第二十九章	第六十章
第三十章	第六十一章
第三十一章	第六十五章
第三十二章	第六十六章
第三十三章	第三章
第三十四章	第十九章
第三十五章	第七十二章
第三十六章	第七十四章
第三十七章	第七十五章
第三十八章	第七十九章
第三十九章	第二十六章
第四十章	第三十章
第四十一章	第三十一章
第四十二章	第六十九章
第四十三章	第八十章
第四十四章	第六章
第四十五章	第五章
第四十六章	第七章
第四十七章	第二十章
第四十八章	第二章

第四十九章	第四十三章
第五十章	第四十五章
第五十一章	第二十二章
第五十二章	第二十三章
第五十三章	第八章
第五十四章	第十一章
第五十五章	第二十四章
第五十六章	第四十四章
第五十七章	第七十三章
第五十八章	第七十八章
第五十九章	第七十六章
第六十章	第九章
第六十一章	第十章
第六十二章	第四十七章
第六十三章	第四十六章
第六十四章	第七十章
第六十五章	第七十一章
第六十六章	第三十三章
第六十七章	第八十一章
第六十八章	第五十六章

第六十九章	第二十八章
第七十章	第三十五章
第七十一章	第五十二章
第七十二章	第十六章
第七十三章	第十五章
第七十四章	第二十七章
第七十五章	第四十八章

第七十六章	第六十三章
第七十七章	第六十四章
第七十八章	第三十六章
第七十九章	第六十八章
第八十章	第五十章
第八十一章	第三十九章

参考书目

王弼．老子道德经注[M]// 楼宇烈，校释．王弼集校释：上册．北京：中华书局，1980.

王卡，点校．老子道德经河上公章句[M]．北京：中华书局，1993.

高明．帛书老子校注[M]．北京：中华书局，1996.

陈鼓应．老子注译及评价[M]．北京：中华书局，1984.

徐梵澄．老子臆解[M]．北京：中华书局，1988.

严遵．老子指归[M]．北京：中华书局，1994.

李存山，注译．智慧之门：老子[M]．郑州：中州古籍出版社，2004.

丁四新．郭店楚竹书《老子》校注[M]．武汉：武汉大学出版社，2010.

董平．老子研读[M]．北京：中华书局，2015.

宗福邦，陈世铙，萧海波，主编．故训汇纂[M]．北京：商务印书馆，2003.

刘笑敢．老子古今：五种对勘与析评引论[M]．北京：中国社会科学出版社，2006.

熊铁基，马良怀，刘韶军．中国老学史[M]．福州：福建人民出版社，1997.

熊铁基，刘韶军，刘筱红，吴琦，刘固盛．二十世纪中国老学[M]．福州：福建人民出版社，2002.

王中江．道家学说的观念史研究[M]．北京：中华书局，2015.

后　记

这本新编新注新译《老子》，完全是在自己的写作计划之外，因为岳麓书社要出版百种中国古代典籍的通俗版，刘文君看上我给本科生讲授《老庄研究》课程的讲义，强烈而诚恳地邀请我注译《老子》一书。由于当时手上正在做教育部的重大攻关项目，还有行政的担子，没有贸然答应。但经不起刘文君的恳切邀请之情，最后还是咬牙答应接受了这一任务。虽然在过去的本科教学过程中已经讲授《老子》达二十余次之多，但真正要以著作的形式出版，还是要花费相当大的力气。特别是一些看起来易懂，注起来颇费踌躇的字，还是需要推敲的，如“多易必多难”一句中的两个“多”字，看起来易懂，而第一个“多”字要简明、准确地注出来，却很难。经反复推敲，注为“轻忽”，虽不合乎词典之训，若缘词语之语境，实得此“多”字之实义。而有些看起来能懂却颇难用现代汉语表达的句子，如“古之善为士者，微妙玄通”一句，“微妙”一词就颇难翻译；“善为士者”，不翻译也看得懂，但却难以用现代汉语精练、优美而又通俗地表达出来。

在注释翻译的过程中，实际上每天只能工作三个小时左右，写出两千余字，有时不是因为没有时间，而是在做完一章的注释与翻译、导读之后，精力已经不济了，很累，大脑不能运转了。因此，呈现在读者面前的这本小书，在现代出版物动辄五六十万言的皇皇大著面前，实在是微不足道，但其中的甘苦也只有自己知道罢了。

本书为通俗读物，不采用深邃绵密、让人叹为观止的考据方式作注，注文力求字义明白，哲理易懂，对古注择善而从，一般不注明出处，极个别的地方注明了引用的作者姓名。书后面所列的参考书目，即是本书基本的参考资料范围。其中参考、吸收高明、陈鼓应二先生的研究成果最多，对宗福邦等先生主编的《故训汇纂》的利用频次最高，在此一并致谢。

本书在注释、导读、翻译方面，其基本的方法是吸收并活化了清代哲学家戴震的经学解释学的基本思想，一是遵循“由字以通其词，由词以通其道”的训释原则；二是活化“一字之义，当贯群经”的经学解释学思想，将其与整体⇋

局部解释之循环的现代解释方法联系起来，变成一种普遍的经典解释学方法。特别是后面一点，在注释一些以往注家不太注意的词语时，如大白、大象、大音、大怨等词时，就是采用由整体到局部的注释方式，注成了道白、道象、道音、道怨。另外，本书在注释的过程中特别注释了一些词语的语法功能、句子的省略结构，试图对《老子》一书的言说方式做一点提示，以帮助现代读者更好地理解《老子》。这些自以为是心得之处，能否成立，还请内行批评、指正。

我要特别感谢刘文君的盛情邀请，不然这本小册子也不知何时能面世。也感谢历届听过我讲授此门课的同学，是他们的求知热情给了我极大的鼓舞与启发。

《老子》一书为经典作品，王弼之后，其八十一章的次序多以王本为依归。今变动次序，以我理解的主题重新编辑，这可能给读者带来了一定的困扰。在此问题上，我内心深处实亦有顾虑，但为了揭除王弼本《老子》对老子思想本义的遮蔽，突出老子以“道德”而不是以“无”为核心的思想主旨，还是采用了自己教学过程中的编辑次序。“新编”中的各具体章次的安排并不一定十分恰当，读者可以见仁见智，但在道、德两编的次序上，我认为可能更好地体现了老子“尊道贵德”的思想主旨。尤其是将王本的第二十五章变成本书的第一章，更能鲜明地凸显老子道论思想的确定性，试图避免王本《老子》第一章一开始就把读者带入语言的迷宫，让老子思想中本来是十分清晰的“道论”思想变得扑朔迷离的不足。若读者能深谅我的此番用意，不以詈言呵责我多事，则幸甚矣！

历来注释《老子》的著作多矣，本书所注所译及其解读，可能有不合古今君子之处，亦有合乎诸君子之处，其异者，不能不异；其同者，不得不同。若其中确有不当之处，恳请各位贤达以仁心、公心待之，不吝赐教，在下不胜感激。

是为记。

吴根友

于珞珈山南麓寓所

图书在版编目(CIP)数据

道德经:全彩图本/吴根友导读、注译.--长沙:岳麓书社,2025.4.

ISBN 978-7-5538-2285-3

Ⅰ.B223.12

中国国家版本馆 CIP 数据核字第 2025Y7Y751 号

DAODEJING(QUAN CAITU BEN)

道德经(全彩图本)

导读注译:吴根友

出 版 人:崔 灿

责任编辑:张丽琴

责任校对:舒 舍

封面设计:贺红梅

版式设计:罗志义

岳麓书社出版发行

地址:湖南省长沙市爱民路 47 号

直销电话:0731-88804152 0731-88885616

邮编:410006

版次:2025 年 4 月第 1 版

印次:2025 年 4 月第 1 次印刷

开本:890mm×1240mm 1/32

印张:12.5

字数:235 千字

ISBN 978-7-5538-2285-3

定价:78.00 元

承印:长沙超峰印刷有限公司

如有印装质量问题,请与本社印务部联系

电话:0731-88884129